**Kohlhammer**

Andreas Pangritz

# Polyphonie des Lebens

## Zu Dietrich Bonhoeffers „Theologie der Musik"

3., erweiterte Auflage

Verlag W. Kohlhammer

3., erweiterte Auflage 2020

(1. Auflage: Berlin: Alektor-Verlag, 1994 [Dahlemer Heft: Nr. 13];
2., überarbeitete Auflage: Berlin: Orient und Okzident Verlag, 2000)

Alle Rechte vorbehalten
© W. Kohlhammer GmbH, Stuttgart
Reproduktionsvorlage: Dr. Ralf H. Arning, Berlin
Gesamtherstellung: W. Kohlhammer GmbH, Stuttgart

Print:
ISBN 978-3-17-039656-2

E-Book-Format:
pdf: ISBN 978-3-17-039657-9

*Für Eberhard Bethge*

# Inhalt

# Einleitung

In Dietrich Bonhoeffers Briefen und Aufzeichnungen aus dem Tegeler Gefängnis[1] finden sich an zahlreichen Stellen spekulative Äußerungen über Musik, die bisweilen auch mit Notenzitaten belegt sind. Diese Assoziationen – zum großen Teil noch vor Einsatz des »theologischen Themas«, der »Frage, was das Christentum oder auch wer Christus heute für uns eigentlich ist« (Brief vom 30. April 1944; WE [DBW 8], 402), formuliert – sind aufschlußreich im Hinblick auf seine letzten theologischen Überlegungen. In ihnen wird präludiert, später auch kommentiert, was mit den vielfach als anstößig empfundenen »neuen Formeln« (E. Bethge) gemeint ist.

Dabei dürfte es kein Zufall sein, daß der theologischen Reflexion im engeren Sinn bei Bonhoeffer ein Nachdenken in musikalischen »Begriffen« vorausgeht.

---

1    Bonhoeffers Briefe und Aufzeichnungen aus der Haft werden im folgenden zitiert aus: D. BONHOEFFER, *Widerstand und Ergebung. Briefe und Aufzeichnungen aus der Haft,* hg. v. Chr. Gremmels u. a., Gütersloh 1998 (= *Dietrich Bonhoeffer Werke,* Bd. 8; im folgenden zitiert als WE [DBW 8]).

# 1. Zu Bonhoeffers musikalischer Biographie

Dietrich Bonhoeffer war, wie ein Blick in seine Biographie[2] zeigt, vor allem theologischen Interesse musikalisch gebildet, und zwar in der klassisch-romantischen Tradition. Darin war er durchaus typisch für seine Klasse, der die bürgerliche »Hausmusik« noch als selbstverständliches Bildungsgut galt: »Mit zehn Jahren spielte er Mozartsonaten vor [...]. Sonnabend abends wurde er zum versierten Begleiter der Lieder von Schubert, Schumann, Brahms und Hugo Wolf, welche seine Mutter und die stimmbegabte Schwester Ursula sangen [...]. Frühzeitig war er dazu erzogen, unbefangen vorzuspielen« (DB, 48). Vermittelt wurde Bonhoeffer das »romantische Erbe« (DB, 492), d. h. die musikalische Tradition des 19. Jahrhunderts, durch seine Mutter, deren Mutter (geb. Kalckreuth) gerne sang und noch bei Clara Schumann und Franz Liszt Klavierunterricht erhalten hatte (vgl. DB, 23). So ist den Geschwistern Bonhoeffer ein »reicher Liederschatz« überliefert worden, an den sich Dietrich Bonhoeffer noch in den Gefängnisbriefen erinnert. Nach Auskunft von Eberhard Bethge hatte Bonhoeffer die Lieder von Hugo Wolf »in kleiner Auswahl mit seiner Schwester musiziert«. Später dann, »in den letzten Jahren, bevor er ins Gefängnis kam«, geschah es, daß Bethge und Bonhoeffer »die ganze Menge der Ausgaben« von Hugo-Wolf-Liedern »kauften und zusammen darin herumstöberten«.[3] Unter den Geschwistern scheint vor allem er es gewesen zu sein, auf den die »Kalckreuthsche Musikalität« übergegangen ist: »Musikalischer und technischer Fortschritt gingen [...] bei Dietrich am Klavier so Hand in Hand« – daneben scheint er

---

2 Das folgende im wesentlichen nach E. BETHGE, *Dietrich Bonhoeffer. Theologe, Christ, Zeitgenosse* (1967), München (5. Aufl.), 1983 (= DB).

3 Brief von E. BETHGE an den Vf. vom 12.9.1984; vgl. ders., *Dietrich Bonhoeffer in Selbstzeugnissen und Bilddokumenten dargestellt*, Hamburg 1976 (= DBrm), 16. Vgl. die wiederholten Hinweise Bonhoeffers auf Lieder von Hugo Wolf in WE (DBW 8), 57f., 60, 352 und 361.

sich auf der Laute und sogar mit eigenen Kompositionen versucht zu haben –,»daß tatsächlich für eine gewisse Zeit bei ihm wie bei den Eltern der Gedanke aufkam, er könne sich ganz der Musik verschreiben« (DB, 47f.).

Bonhoeffers Wendung zur Theologie hat die Musik in seinem Leben nie vollständig verdrängt: Zeitlebens hat er sich seine pianistischen Fähigkeiten, insbesondere auch als Begleiter erhalten und in der Gemeindearbeit – etwa als Vikar in Barcelona (1928; vgl. DB, 140f.) oder als Auslandspfarrer in London (1933–1935; vgl. DB, 382f.) – sowie bei häuslicher Kammermusik zur Anwendung gebracht.[4] Im Zuge von Bonhoeffers theologischer Profilierung in zunehmender Anlehnung an die Dialektische Theologie Karl Barths ist jedoch eine Verschiebung seines musikalischen Horizonts unübersehbar: Hand in Hand mit einer theologisch motivierten Vorliebe für Bach (während doch Barths Herz eher für Mozart schlug) geht bei Bonhoeffer die Herausbildung eines gewissen Vorbehalts gegenüber der klassisch-romantischen Tradition, zumindest was ihren liturgischen Gebrauch betrifft.[5] So meldet er in dem (im späteren Druck von 1930 freilich gestrichenen) Abschnitt»Kirche und Proletariat« aus dem Autograph

---

4    Vgl. E. Bethge, DBrm, 16:»Auch als Erwachsener hat er sehr viel Klavier gespielt und mit Vorliebe Kammermusik gemacht, häufig zusammen mit seinem Schwager Rüdiger Schleicher und seinem Bruder Klaus, die Geige und Cello spielten […].« – Zu Bonhoeffers Klavierspiel vgl. noch: J. Goebel, Als er sich ans Klavier setzte, in: Begegnungen mit Dietrich Bonhoeffer, hg. v. W.-D. Zimmermann, München (4., erw. Aufl.) 1969, 115ff.

5    Der Einfluß von K. Barths Römerbrief (2. Aufl., München 1922) ist hörbar im»religionskritischen« Verdikt über Beethoven in einer Vikars-Predigt aus Barcelona zum Sonntag Oculi, 11. 3. 1928 über Röm 11,6:»Es ist in der Seele des Menschen, so wahr er nur Mensch ist, ein Ding, das sie unruhig macht […]. Sie will selbst den Weg zum Ewigen gehen, es in seine [!] Gewalt bringen. Aus dieser Unruhe der Seele wuchsen die gewaltigen Werke der Philosophie und der Kunst […].« Als musikalisches Beispiel nennt Bonhoeffer im folgenden»die Quartette, Symphonien Beethovens«.

der Dissertation über die *Sanctorum Communio* von 1927[6] theologisch-soziologisch motivierte Bedenken gegen den gottesdienstlichen Gebrauch Mendelssohnscher Musik an, wie er in der Berliner Grunewald-Gemeinde, an deren Leben Bonhoeffer teilnahm, noch in den 30er Jahren üblich war. Es heißt dort im Zusammenhang mit dem Gedanken an »die kommende Kirche«, die »nicht ›bürgerlich‹ sein« werde, weiter: »Wie sie aussehen wird, ist heute nicht zu übersehen. Gewiß ist, daß nicht Thorwaldsen und Mendelssohn, sondern Dürer, Rembrandt und Bach den Ernst der Gemeinde zu verkündigen vermögen« (SC [DBW 1], 292, Anm. 411).[7] Ähnlich ergeht es im Kirchenkampf dann auch Beethoven, dessen liturgischer Gebrauch in Bonhoeffers Predigt zum Sonntag Cantate 1934 verworfen wird: »Bach hat über alle seine Werke geschrieben: soli deo gloria – oder Jesu juva, und es ist, als ob seine Musik nichts anderes wäre als ein unermüdlicher

---

Diese »Unruhe der Seele« sei aber »Religion« (*Dietrich Bonhoeffer Werk*e [DBW], Bd. 10: *Barcelona, Berlin, Amerika*, hg. v. R. Staats u. a., München 1991, 456f.), die »Summe des Christentums« hingegen: »Nicht Religion, sondern Offenbarung« (DBW 10, 457f.).

6   Vgl. D. BONHOEFFER, *Sanctorum Communio. Eine dogmatische Untersuchung zur Soziologie der Kirche*, hg. v. J. v. Soosten, München 1986 (im folgenden zitiert als SC [DBW 1]).

7   In einem Brief vom 1. 4. 1986 an den Vf. stellt J. v. SOOSTEN, der Herausgeber der Neuausgabe von Bonhoeffers Dissertation, zu dieser Stelle die berechtigte Frage: »Zeigt sich hier nicht ein ›bürgerliches‹, gar antisemitisches Vorurteil gegen den süßen, jüdischen Kirchenmusiker Mendelssohn? Dieses Vorurteil hört man ja gegenüber demjenigen, der Bach überhaupt erst populär gemacht hat, bis heute.« In der Tat befindet sich Bonhoeffer hier in zweifelhafter Nachbarschaft: Schließlich sollte Ende 1936 die eindeutig antisemitisch motivierte Entfernung des Leipziger Mendelssohn-Denkmals in Abwesenheit des Oberbürgermeisters Carl Goerdeler zum Anlaß für dessen Rücktritt werden. Zur Ehrenrettung Bonhoeffers muß freilich betont werden, daß er seine frühe Mendelssohn-Kritik (die im übrigen ohne antisemitische Anleihen auskommt) später, soweit bekannt, nicht wiederholt hat.

Lobpreis dieses Gottes – und es ist andererseits, als ob die Musik Beethovens nichts anderes wäre als der unvergängliche Ausdruck menschlichen Leidens und menschlicher Leidenschaft. Darum können wir Bach im Gottesdienst hören und Beethoven nicht« (DBW 13: *London 1933–1935*, hg. v. H. Goedeking u. a., Gütersloh 1994, 354).

Eine ganze »neue Welt« geht ihm schließlich während der Finkenwalder Zeit in den Vokalkompositionen der vor-bachischen Meister, insbesondere von Heinrich Schütz auf, mit denen ihn Eberhard Bethge vertraut gemacht hat. Gern sang er »eine der zwei Stimmen in Schütz' ›Eins bitte ich vom Herren‹ oder ›Meister, wir haben die ganze Nacht gearbeitet‹« (DB, 492).[8] »Sie brachten, gerade in den aufregenden Widerstands- und Kriegszeiten, zeitweise ein paar Stunden täglich mit dieser Musik zu, ja, mit der ganzen Familie wurden Schütz-Kantaten im Hause Schleicher eingeübt.« Zusammen mit Eberhard Bethge, den er am Klavier begleitete, hat Bonhoeffer damals aber nicht nur Schütz, sondern auch Lieder von Hugo Wolf musiziert (DBrm, 16).

Neben den Chorälen des Gesangbuchs ist es dann aber vor allem die Welt der »Polyphonie« von Schütz und Bach, die den größten Teil der musikalischen Reflexionen in den Gefängnisbriefen auslöst. Zugleich scheint es während der Haftzeit zu einer theologischen Rehabilitierung der klassisch-romantischen Tradition zu kommen, wobei diese nicht

---

8    Diese neue Erfahrung scheint jedoch Bonhoeffers »Lust am Musizieren«
     auch in der romantischen Tradition keineswegs ausgeschlossen zu haben:
     »Wenn er den Kandidaten etwas von Chopin oder Brahms oder auch aus
     dem hinreißend raffinierten ›Rosenkavalier‹ vorspielte, trat sein romanti-
     sches Erbe unverhüllt hervor« (E. BETHGE, DB, 492). – Zu Finkenwalde
     vgl. auch den »Jahres-Bericht« über das Jahr 1936, wo es heißt: »Musiziert
     wird bei uns nach wie vor viel und mit großer Freude […], wie ich mir über-
     haupt unser Zusammenleben hier nicht ohne tägliches gemeinsames
     Musizieren denken kann. Manche bösen Geister sind gewiß dadurch schon
     vertrieben worden« (DBW 14: *Illegale Theologenausbildung: Finkenwalde
     1935-1937*, hg. v. O. Dudzus u.a., Gütersloh 1996, 261).

mehr primär unter liturgischer Perspektive gesehen wird. So kann Bonhoeffer unter dem Stichwort der »hilaritas« Mozart und Hugo Wolf zusammen mit Luther und Karl Barth nennen (Brief vom 9. 3. 1944; WE [DBW 8], 352). Und neben der Musik des späten Bach (*Die Kunst der Fuge*) wird ihm jetzt auch die des späten Beethoven »existentiell verständlicher« (Brief vom 27. 3. 1944; a.a.O., 368).[9]

---

9  Überhaupt muß in Anbetracht von K. Barths Vorliebe für Mozart Bonhoeffers frühere Neigung, Bach theologisch gegen die klassisch-romantische Tradition auszuspielen, als ein (allerdings bezeichnendes) Mißverständnis der Barthschen christologischen Konzentration angesehen werden.

15

# 2. Christologische Konzentration

Der erwähnte Vorbehalt Bonhoeffers gegenüber der musikalischen Tradition seiner eigenen Familie und Klasse erfährt seine exemplarische Zusammenfassung und theologische Begründung in dem Brief an Ruth Roberta Stahlberg, den die Herausgeber auf den 23. 3. 1940 datieren (vgl. DBW 16: *Konspiration und Haft 1940–1945,* hg. v. J. Glenthøj u. a., Gütersloh 1996, 18–25). Anhand der Bachschen *Matthäus-Passion* reflektiert Bonhoeffer hier über die »Schönheit der Musik an sich« und kommt zu dem Ergebnis, daß nur »die verleugnete ›Schönheit‹« echt sei; in der Kirche zumal sei dies die »allein mögliche Schönheit«. Indem Bach über seine Werke »Jesu juva« oder »Soli Deo Gloria« schrieb, habe er zugleich »auf alle eigene Schönheit der Musik an sich Verzicht geleistet«. Schön an der *Matthäus-Passion* sei gerade diese Verleugnung der Schönheit »um Christi willen«; hier komme »die Musik durch Jesus Christus erst zu sich selbst« und wolle »doch nichts für sich selbst, sondern alles für Jesus Christus sein« (a.a.O., 21).

Der Widerspruch gegen ein abstraktes und verlogenes Schönheits-Ideal in der klassisch-romantischen Musiktradition oder vielmehr in deren »bildungsbürgerlicher« Rezeption ist hier unüberhörbar. Es sind nicht zuletzt die enttäuschenden Erfahrungen des Kirchenkampfes, die sich hier ihren theologischen Ausdruck auf musikalischem Gebiet verschaffen. Das zeigt die Fortsetzung desselben Briefes, wo es u. a. heißt: »Sind es nicht […] jene Gebildeten, die sich auf Geschmack und anderes mehr verstehen, die in eine so erschütternde innere Haltlosigkeit hineingeraten sind, daß sie zu den einfachen Taten der hingebenden Liebe und des betenden Tuns nur noch in sehr seltenen Fällen fähig sind?« (a.a.O., 22)

Die extreme Zuspitzung von Bonhoeffers Position im Kirchenkampf, wie sie sich in seinem Buch *Nachfolge* (1937) niedergeschlagen hat, kommt nun aber musikalisch darin zum Ausdruck, daß er schließlich selbst Bach der äußerlichen Schönheit verdächtigt: »Soweit übrigens in der Matthäuspassion die Musik anfängt, etwas für sich selbst sein zu wollen – ich sehe das in einigen Arien [...] – soweit verliert sie an wirklicher Schönheit.« Demgegenüber sei Heinrich Schütz der einzige, bei dem solche falsche Schönheit nirgends gefunden werden könne. Und es sei der »weite Vorsprung« der »neuesten evangelischen Kirchenmusik« – Bonhoeffer nennt Distler und Pepping – »vor der sonstigen zeitgenössischen Musik«, daß auch hier »gerade die ›Verleugnung‹ der Schönheit in der strengen Bindung der Musik an das Wort Gottes [...] diese Leistung echt und groß« mache (DBW 16, 21f.).

Spätestens hier bekommt Hanfried Müllers Behauptung, Bonhoeffer habe sich in der Zeit der *Nachfolge* und des *Gemeinsamen Lebens* theologisch auf einem »Holzweg« befunden,[10] eine Bestätigung auch von musikalischer Seite: Eine gewisse Ähnlichkeit dieser Haltung Bonhoeffers mit dem von Theodor W. Adorno beschriebenen musikalischen »Traditionalismus«, der einem »Kultus des Plusquamperfekts« huldige,[11] ist unbestreitbar. Wollte man deshalb aber in Bonhoeffer einen typischen, aufs autoritär strukturierte Kollektiv fixierten »Ressentiment-Hörer« sehen, wie es Adornos Theorie nahelegen könnte,[12] dann ergeben sich gewisse Schwierigkeiten: Bonhoeffers

---

10    Vgl. H. MÜLLER, *Von der Kirche zur Welt. Ein Beitrag zu der Beziehung des Wortes Gottes auf die societas in Dietrich Bonhoeffers theologischer Entwicklung,* Leipzig (2. Aufl.) 1961, 252.

11    Vgl. TH. W. ADORNO, Tradition (1960/61), in: *Dissonanzen. Musik in der verwalteten Welt,* jetzt: ders., *Gesammelte Schriften* (GS), Bd. 14, Frankfurt a. M. 1973, 137: »Man entzieht sich [...] dem Kontakt mit der einzigen Tradition, die bis in die Kindheit der heute Lebenden noch hineinreicht [...]. Das ist die musikalische Welt der Eltern. Das neunzehnte Jahrhundert wird vom Traditionalismus [...] mit einem Tabu belegt, das nur mit den dürftigsten Rationalisierungen, wie der von der angeblich überwundenen Romantik, sich rechtfertigt.«

12    Vgl. TH. W. ADORNO, *Einleitung in die Musiksoziologie* (1962/68), jetzt: ders., GS 14, 188f.: Dem Typ des Ressentiment-Hörers »gehören jene

»Ressentiment« richtet sich nicht gegen die damalige »neue Musik« der Schönberg-Schule etwa oder Strawinskis – die dürfte sein musikalisches Bewußtsein gar nicht erreicht haben –,[13] sondern gegen »Zeitgenossen« wie R. Strauss und H. Pfitzner, deren Modernität im wesentlichen in einer kulinarischen Übersteigerung der musikalischen Tradition des 19. Jahrhunderts bestand, die dem autoritären Ruf des Nazismus keinen Widerstand entgegenzusetzen vermochte. Wenn Bonhoeffer dieser spätbürgerlichen Musiktradition widerspricht, dann ist zwar das Autonomiestreben Beethovens mitbetroffen,[14] insbesondere aber ein Bürgertum gemeint, das der Autonomie ohnehin längst abgeschworen hat.[15] Zu beachten ist außerdem, daß Bonhoeffers antiromantisches Ressentiment auf den kirchlichen Raum begrenzt bleibt.

Liebhaber Bachs an, gegen welche ich diesen einmal verteidigt habe; mehr noch diejenigen, die sich auf vor-Bachische Musik kaprizieren […]. Der Ressentiment-Hörer, im Protest gegen den Musikbetrieb scheinbar nonkonformistisch, sympathisiert dabei meist mit Ordnungen und Kollektiven um ihrer selbst willen, mit allen sozialpsychologischen und politischen Konsequenzen […]. Subjektivität, Ausdruck ist dem Ressentiment-Hörer zutiefst eins mit Promiskuität, und den Gedanken an diese kann er nicht ertragen.«

13   Daß die Musik der Zweiten Wiener Schule bzw. Strawinskis oder Bartóks ihn nicht erreicht hat, dürfte v. a. mit dem Tabu zu erklären sein, das die Nazis über solche »entartete« Kunst verhängt hatten. Dieses Tabu wurde zudem in kirchlichen Kreisen weitgehend unterstützt, wie auch Bonhoeffers Präferenz für kirchlich gebundene Komponisten wie Distler und Pepping bestätigt. Die Ausblendung der avancierten »neuen Musik« aus dem Bewußtsein des Bildungsbürgers Bonhoeffer kann insofern in Parallele zur gleichzeitigen Ausblendung der »jüdischen Renaissance« (Buber, Rosenzweig u. a.) oder der kritischen Sozialforschung (Frankfurter Schule) gesehen werden.

14   Vgl. Bonhoeffers Enttäuschung über Beethovens *Geschöpfe des Prometheus* (25. 1. 1941; DBW 16, 117).

15   Dazu zählt auch nach TH. W. ADORNO (Tradition, in: ders., GS 14, 130) bereits Mendelssohn, in dem er »die entsagende Reprivatisierung des zuvor siegreichen allgemeinen bürgerlichen Subjekts« sieht.

Außerhalb dessen hat Bonhoeffer sein romantisches Erbe nicht nur nicht abgeblendet, sondern auch in der Finkenwalder Zeit bewußt gepflegt (vgl. DB, 492). Fragwürdig wäre dann allerdings die strenge Aufteilung der musikalischen Wirklichkeit in einen sakralen und einen weltlichen Bereich, die jedenfalls Bonhoeffers späterer Kritik am »Raumdenken« verfallen würde.[16] Insofern Bonhoeffers Widerspruch gegen die bürgerliche Musiktradition des 19. Jahrhunderts theologisch und soziologisch reflektiert ist, muß aber auch gefragt werden, ob der Begriff des Ressentiments, der eher auf eine spontane Abneigung zielt, den Sachverhalt richtig beschreibt. Das relative Recht von Bonhoeffers Haltung liegt in der von ihm beobachteten Wehrlosigkeit gerade auch der in der klassisch-romantischen Musiktradition Gebildeten gegenüber der Propaganda der Nazis.[17] So hat sich der Tegeler Mithäftling Gaetano Latmiral daran erinnert, daß nach Bonhoeffers Auffassung »die Nazis [...] einen fanatischen tragischen Willen (hatten), jedermann in die Katastrophe zu verwickeln. Er bemerkte, daß ihm Wagners Musik ein Ausdruck für diese heidnisch verwilderte Psychologie sei« (DB, 955). Aufgrund dieser anti-heidnischen Motivation von Bonhoeffers Tendenz zum »Traditionalismus« kann in bezug auf diesen musikalischen »Holzweg« gleichwohl von einer gewissen »historischen Notwendigkeit« gesprochen werden.

Entscheidend ist aber schließlich, daß Bonhoeffers (sei es denn!) »autoritäre« Fixierung in der Finkenwalder Zeit, die sich darin zeigt, daß er Musik an die Kirche »binden« will, *christologisch* qualifiziert

---

16    Vgl. D. BONHOEFFER, *Ethik*, hg. v. I. Tödt u. a., München 1992 (= E [DBW 6]), 40ff.; vgl. auch: WE (DBW 8), 533–535.

17    Vgl. TH. W. ADORNOS Charakterisierung des im offiziellen Musikbetrieb, gegen den das »Ressentiment« sich wendet, vorherrschenden Typus des »emotionalen Hörers« (Einleitung, in: ders., GS 14, 186): »Er will nichts wissen und ist daher von vornherein leicht zu steuern.« – Bonhoeffer hingegen wollte »wissen«.

ist. »Bindung« der Musik bedeutet für ihn primär Bindung an Jesus Christus als den Herrn der Kirche.[18] In der christologischen Tatsache, daß der Gottesknecht nach Jesaja 53 »keine Gestalt noch Schöne« vorzuweisen hat (vgl. WE [DBW 8], 535f.), liegt der theologische Grund für Bonhoeffers Mißtrauen gegenüber aller »äußeren Schönheit« in der nicht-versöhnten Welt. Darin war Bonhoeffer gegen den Satz Augustins, wonach »Schönheit [...] der Schein des Wahren« sei, ein unbewußter Anhänger von Schönbergs Postulat: »Musik soll nicht schmükken, sie soll wahr sein«.[19]

In solcher christologischer Qualifizierung des Vorbehalts eröffnen sich schließlich neue Möglichkeiten musikalischen Verhaltens: Einerseits ist dadurch zugleich eine kritische Instanz gegenüber der Gefahr eines musikalischen Klerikalismus gewonnen; denn Bindung an Christus kann auch einmal Widerspruch zur Kirche bedeuten. Zum andern kann die Bindung der Musik an Jesus Christus auch eine relative Rehabilitierung des Natürlichen und der Leidenschaften in der Musik beinhalten; Bindung an Christus erwiese sich dann als »Befreiung« zu »echter Weltlichkeit« (E [DBW 6], 404) auch in der Musik.

Beide Möglichkeiten sind bei Bonhoeffer während der Haftzeit deutlich zur Auswirkung gekommen. So hat Bonhoeffer selbst die Verschwörung gegen Hitler und die Gefangenschaft als eine intensivierte Bindung an Christus, zugleich aber als eine gewisse Distanzierung von der Kirche, die seinen Weg nicht mitvollziehen wollte, erfahren.[20] Andererseits hat die »erstaunliche Erfahrung« einer »Bundesgenossenschaft« zwischen Christen und kirchenfernen

---

18  Vgl. DBW 16, 21f., wo von er Verleugnung der Schönheit »um Christi willen« die Rede ist und von der »strengen Bindung der Musik an das Wort Gottes«, nicht etwa an die Autorität der Kirche.

19  Zitiert nach TH. W. ADORNO, *Philosophie der neuen Musik* (1949), GS 12, Frankfurt a. M., 46.

20  Vgl. E. BETHGE, DB, 893: »Nach seiner Verbindung mit dieser ›Verschwörung‹ hat Bonhoeffer damit gerechnet, daß seine Kirche ihn nicht mehr werde brauchen können [...].«

Humanisten im Widerstand (a.a.O., 342f.) ihre Entsprechung auf musikalischem Gebiet in der Würdigung Bachs nicht nur als eines kirchlichen, sondern nunmehr auch als eines »weltlichen« Komponisten (vgl. WE [DBW 8], 336), sowie in der neuen Wertschätzung des späten Beethoven (vgl. a.a.O., 368).[21]

---

21 Erstaunlich großzügig erweist sich Bonhoeffer auch schon in dem ansonsten so strengen Brief an R. R. Stahlberg gegenüber den »kleinen Leuten«, wenn es dort heißt: »Ist es nicht wesentlicher, mit etwas sentimentalen Gesangbuchliedern christlich zu leben, zu handeln und zu sterben als mit gutgewählten Liedern vom 16. Jahrhundert abwärts sich an den nötigen Entscheidungen einer heutigen christlichen Existenz vorbeizudrücken?« (DBW 16, 22f.).

# 3. Lutherische Choräle

Auch im Hintergrund von Bonhoeffers »weltlicher« Auffassung von Musik während der Haftzeit steht jene christologische Konzentration, die in der Finkenwalder Zeit noch die Gefahr klerikaler Verengung und des Ressentiments gegen die klassisch-romantische Musiktradition mit sich gebracht hatte. Im Gefängnis sind es die *lutherischen Choräle*, insbesondere solche mit Texten von Paul Gerhardt, die Bonhoeffer einen Halt bieten und von ihm immer wieder zitiert werden (vgl. WE [DBW 8], 44, 69, 99, 187, 235, 246 und 261).

Der Kirchenkampf der Dreißiger Jahre hatte Bonhoeffer Anlaß geboten zu einer intensiveren Auseinandersetzung mit der Tradition des Kirchenliedes als Ausdruck des »inneren Lebens« der evangelischen Kirche: So hatte er aus Anlaß der Olympiade 1936 einen Vortrag gehalten,[22] der das Singen der Christen von vornherein unter dem Zeichen des Protestes gegen die herrschende Staatsgewalt verstand: »Die alten Christen sangen, noch als sie den Löwen vorgeworfen wurden« (DBW 14, 714). Paul Gerhardts Lieder hingegen schienen ihm »nicht mehr von den großen Glaubenskämpfen der ersten Christenheit« und der Reformation zu zeugen. »Bei Paul Gerhardt liegt der Akzent darauf, daß ich Christum habe; auf ihn kann ich mein Vertrauen setzen. Also nicht mehr zwischen Himmel und Hölle tobt der Kampf, ich selbst bin der Kampfplatz« (a.a.O., 716f.). Und der

---

22  Der Vortrag über »Das innere Leben der deutschen evangelischen Kirche« wurde im Rahmen einer Vortragsreihe der Bekennenden Kirche zur Olympiade am 5. August 1936 in der Apostel-Paulus-Kirche in Berlin-Schöneberg gehalten. Er wird im folgenden zitiert nach einer Nachschrift von G. Riemer. Bonhoeffer schrieb über die Arbeit an dem Vortrag am 31. 7. 1936 an E. Bethge: »Ich pfusche Dir ins Handwerk und mache es anhand von Kirchenliedern, Luther, Gerhardt, Zinzendorf, Gellert, weiter weiß ich noch nicht. Es ist nicht leicht. Du könntest es vielleicht besser.« Zinzendorfs Texte »genieren« ihn geradezu (DBW 14, 209f.).

Vortrag hatte mit der Feststellung geendet, daß es wohl kein Zufall sei, wenn der Kirchenkampf zugleich die »Anfänge neuer Lieder« im Geist der Reformation ermöglicht habe[23]: »Kein Blick zurück ist uns erlaubt, es sei denn der eine auf das Kreuz Christi. Kein Blick in die Zukunft ist uns erlaubt, es sei denn der eine auf den Jüngsten Tag. So sind wir wieder frei gemacht zum Loben und Singen!« (a.a.O., 720) Im Gefängnis sind es vor allem die *Texte* der Lieder, die für Bonhoeffer große Bedeutung gewinnen; durch sie werden die Melodien »ans Wort gebunden«.[24] Wenn er dabei Texte von Paul Gerhardt bevorzugt, dann liegt darin eine gewisse Auflockerung der rigiden Kampfposition des Jahres 1936: Hatte Bonhoeffer damals noch den Paul-Gerhardt-Liedern vorgehalten, hier habe der reformatorische Glaubenskampf bereits den Rückzug in die Innerlichkeit angetreten, so kann er jetzt sogar der mönchischen Mystik des Weihnachtsliedes »Ich steh an Deiner Krippe hier [...]« (vgl. *Evangelisches Gesangbuch,* Nr. 37) etwas abgewinnen, wie er am 4. August 1943 an E. Bethge schreibt: »Man muß wohl lange allein sein und es meditierend lesen, um es aufnehmen zu können. Es ist in jedem Wort ganz außerordentlich gefüllt und schön [...]. Es gibt eben neben dem Wir doch auch ein Ich und Christus [...]« (WE [DBW 8], 246). Hier zeigt sich deutlich eine Intensivierung der Bindung an Christus, eine »Verinnerlichung« des Glaubens, die nicht als Rückzug, sondern als Antwort auf die Herausforderung durch die Einsamkeit der Gefangenschaft verstanden werden darf.

---

23  Bonhoeffer denkt hier zur Verwunderung des Berichterstatters der *Christlichen Welt* (vgl. DBW 14, 720, Anm. 32) an Lieder von Heinrich Vogel.

24  Vgl. den Hinweis auf »Neues Lied Nr. 370, 3-4« (= *Evangelisches Gesangbuch,* Nr. 283) im Brief an E. Bethge vom 28. 7. 1944; es heißt in diesen Versen u. a.: »Ach, daß uns doch Gott sagte zu / des Krieges Schluß, der Waffen Ruh [...].«

Einmal, am 1. Advent desselben Jahres, zitiert Bonhoeffer neben dem Lied-Text auch die »adventliche Melodie« des Liedes »Nun komm, der Heiden Heiland« (vgl. *Evangelisches Gesangbuch,* Nr. 4), der Bearbeitung eines altkirchlichen Hymnus durch Martin Luther, und zwar zur 4. Strophe (»Dein Krippen glänzt hell und klar [...]«) das aus acht Noten bestehende Anfangs- und Schlußmotiv der Melodie:

Dabei legt er Wert darauf, daß diese Melodie »nicht im 4/4 Takt, sondern in dem schwebenden erwartenden Rhythmus« zu singen sei, »der sich dem Text anpaßt!« (WE [DBW 8], 213) Damit greift Bonhoeffer hinter die in Luthers Liedern angestrebte Isometrie, die sich bisweilen – wie in der militaristisch mißbrauchten »festen Burg« – bis zum selbstbewußten Marschrhythmus steigern kann, auf die rhythmisch freiere gregorianische Gesangspraxis der alten und mittelalterlichen Kirche zurück, die dem Hymnus des Ambrosius von Mailand angemessen sein dürfte.[25] Hierin kann man eine musikalische Entsprechung zu Bonhoeffers Bemerkung im Brief aus der vorhergehenden Woche sehen, wonach ihm die Kirchenväter »z. T. viel zeitgemäßer als die Reformatoren« erscheinen (a.a.O., 198).

---

25  Im Unterschied zum *Evangelischen Kirchengesangbuch,* das hier noch das dem 4/4-Takt entsprechende »C«-Metrum notierte, hat sich das neue *Evangelische Gesangbuch* Bonhoeffers Auffassung angeschlossen.

# 4. Heinrich Schütz und die »Wiederbringung aller Dinge«

Meistzitierte musikalische Autorität Bonhoeffers in den Jahren der Haft ist *Heinrich Schütz*, den ihm in der Finkenwalder Zeit Eberhard Bethge nahegebracht hatte. Am 4. Februar 1941 hatte sich Bonhoeffer bei Bethge in einem Brief aus Kloster Ettal für dessen Geburtstagsgeschenk, die Schütz-Biographie von H. J. Moser,[26] mit den Worten bedankt: »H. Schütz verdanke ich Dir und mit ihm eine ganze reiche Welt. Gern würde ich Dich zu dem ›Eile mich, Gott, zu erretten‹ begleiten, das ich anhand der Notenbeilage wieder vor mich hinsummte. Und es ist, glaube ich, kein Zufall, daß Schütz gerade durch Dich an mich herankam« (DBW 16, 129).

Wie bei den Chorälen so sind es auch bei Schütz vor allem die Texte, durch die dessen Kompositionen für Bonhoeffer im Gefängnis bedeutsam wurden. Wieder einmal scheint die strenge Bindung ans Wort gerade auch für den musikalischen Wert der Kompositionen in Bonhoeffers Sicht entscheidend zu sein. Mehrfach zitiert er in den Gefängnisbriefen den bereits erwähnten Psalm 70 (»Eile mich, Gott, zu erretten [...]«) in Schützens Vertonung,[27] daneben die Psalmen 3 und 47.[28] Diese Auswahl von Psalm-Texten erlaubt nicht zuletzt einen

---

26  H. J. Moser, *Heinrich Schütz. Sein Leben und Werk* (1936), Kassel (2. Aufl.) 1954.

27  Vgl. H. Schütz, *Erster Theil Kleiner Geistlichen Concerten*, Nr. 1 (Schütz-Werke-Verzeichnis [SWV] 282), in: *Neue Ausgabe sämtlicher Werke,* Bd. 10, Kassel 1963, 1ff. – Bonhoeffer erwähnt dieses »Geistliche Konzert« viermal in den Gefängnisbriefen: WE (DBW 8), 72, 195, 248 und 446 mit Anm. 23.

28  Zu Ps 3 (6-9) vgl. H. Schütz, *Anderer Theil Kleiner Geistlichen Concerten,* Nr. 5: »Ich liege und schlafe [...]« (SWV 310), in: *Neue Ausgabe,* Bd. 10, 96ff. Zu Ps 47 vgl. H. Schütz, *Symphoniae Sacrae Secunda Pars (Neue Ausgabe,* Bd. 15), 82ff.: »Frohlocket mit Händen [...]« (SWV 349). – Beide

Einblick in Bonhoeffers eigene Gebetspraxis, wie sie sich im »Gebetbuch der Bibel«[29] widerspiegelt: Wir hören von seiner Bitte um Hilfe gegen die Feinde (Ps 3 und 70) ebenso wie von seiner Hoffnung, daß Gott sich den Heiden »erschrecklich« zeigen und »die Herrlichkeit Jakob, die er liebet«, erwählen werde (Ps 47).[30] Im übrigen dürfte die Aktualität, die Bethge und Bonhoeffer mit vielen anderen in den Kriegsjahren gerade den *Kleinen Geistlichen Konzerten* von Schütz beimaßen, nicht zuletzt in der Vergleichbarkeit der Entstehungssituation während des 30jährigen Krieges begründet sein: »Die Kleinen Geistlichen Konzerte sind Heinrich Schützens musikalisches Dennoch im Angesicht des Krieges und der Kriegsfolgen […].«[31] Bonhoeffer

Vertonungen werden von Bonhoeffer in WE (DBW 8), 72 und 446 (mit Anm. 23) erwähnt, letztere auch a.a.O., 195. (Es gibt m. E. keinen Grund, mit WE [DBW 8], 72, Anm. 18 zu Ps 3 stattdessen die Vertonung aus dem Becker-Psalter anzugeben.) Daneben nennt Bonhoeffer noch das »Kleine Geistliche Konzert« über Ps 27,4 (»Eins bitte ich von dem Herren […]«, in: H. SCHÜTZ, *Erster Theil Kleiner Geistlichen Concerten*, Nr. 13 [SWV 294], *Neue Ausgabe*, Bd. 10, 100ff.); vgl. WE (DBW 8), 248.

29  Vgl. D. BONHOEFFER, *Das Gebetbuch der Bibel. Eine Einführung in die Psalmen* (1940), in: DBW 5, hg. v. G. L. Müller, München 1987, 131: »Wichtig aber ist allein dies, daß wir von neuem und mit Treue und Liebe die Psalmen im Namen unseres Herrn Jesu Christi zu beten beginnen.«

30  E. BETHGE weist darauf hin, daß die »Auswahl« von Psalm-Texten, an die sich Bonhoeffer in Schützens Vertonung erinnert, auch einen äußeren Grund hatte: Sie richtet sich auch nach dem, was damals gerade im Handel erhältlich war: »Zur Schütz-Begegnung gehört auch der Bärenreiter-Verlag. Wo immer wir damals in Läden kamen, stöberten wir nach den Ausgaben, die erschienen und die uns dann auch technisch für uns darstellbar erschienen […]« (Brief an den Vf. vom 12. 9. 1984). SWV 282 und 285 waren 1936 von Hans Hoffmann neu herausgebracht worden.

31  O. BRODDE, *Heinrich Schütz. Weg und Werk*, Kassel 1972, 149. – Vgl. die Widmung des ersten Teils (1636): »WElcher gestalt vnter andern freyen Künsten/ auch die löbliche Music/ von den anhaltenden gefährlichen Kriegs-Läufften in vnserm lieben Vater-Lande/ Teutscher Nation/ nicht allein in grosses Abnehmen gerathen/ sondern an manchem Ort gantz nie-

kann diese Psalmen gar »nicht mehr lesen, ohne sie in der Musik von Heinrich Schütz zu hören« (WE [DBW 8], 72), in der die Psalmworte mit Hilfe von musikalischen »Figuren« ausgelegt und akzentuiert werden.[32] Einmal, am 4. Advent 1943, zitiert Bonhoeffer im Brief an Eberhard Bethge auch ausdrücklich den Notentext eines »Geistlichen Konzerts«. Es handelt sich dabei nicht um eine Psalm-Vertonung, sondern um die Vertonung der deutschen Version eines augustinischen Christus-Hymnus: »O süßer, o freundlicher, o gütiger Herr Jesu Christe [...].«[33] Bonhoeffer zitiert die aufsteigende Figur aus sieben Noten, die auf das »o« an der Textstelle »o, wie verlanget meiner Seelen nach Dir« viermal wiederholt wird, wobei durch den sequenzierenden Auf-

32 Sprechende Beispiele in den von Bonhoeffer erwähnten Stücken sind: in Ps 3 die heftig gezackte Figur auf »und zerschmetterst der Gottlosen Zähne«; in Ps 70 die dreimalige Wiederholung des spöttischen »Da, da« der Feinde; ausdrucksstark hier auch der Aufstieg der melodischen Linie bis zum $g'$ bei »mein Gott, verzeuch nicht«; bemerkenswert aber auch die kunstvolle Vertonung des in seiner Bedeutung geheimnisvollen »Sela« in Ps 3 und 47.

dergeleget worden/ stehet neben andern allgemeinen Ruinen vnd eingerissenen Unordnungen/ so der vnselige Krieg mit sich zu bringen pfleget/ vor männigliches Augen/ [...]« und auch die Widmung des zweiten Teils (1639): »[...] Zwar muß ich mich schemen/ mit einem so kleinen vnnd schlechten Wercklein vor deroselben zu erscheinen/ Nun aber die Boßheit der ietzigen/ den freyen Künsten widrigen Zeiten/ meinen anderweit/ sonder Ruhm/ bey Handen habenden besseren Wercken das Liecht nicht gönnen wollen/ hat es bey diesem geringen für dißmal verbleiben müssen. Solten aber die ietzo vnter den Waffen gleich als erstickten/ vnd in den Koth getretenen Künste/ durch GOttes Güte/ zu voriger Würde vnd werth wieder erhoben werden/ wil so dann bey E. HochFürstl. Durchl. mit einem reichern Pfande/ meiner Schuldigkeit nach/ einzukommen/ ich vnvergessen seyn [...]« (zit. nach W. Ehmann, Vorwort, in: H. Schütz, Neue Ausgabe, Bd. 10, VII).

33 Vgl. H. SCHÜTZ, Erster Theil Kleiner Geistlichen Concerten, Nr. 4 (SWV 285), in: Neue Ausgabe, Bd. 10, 83ff.

stieg der Figur im Quintenzirkel (*es–b, b–f, f–c, c–g*) der musikalische Ausdruck zugleich eine außerordentliche Steigerung erfährt. Moser hebt hervor, daß der »ekstatische Sehnsuchtsruf« des Hymnus allein schon durch die zeitliche Dehnung der musikalischen Figur zum »Mittel- und Höhepunkt« der Schützschen Bearbeitung wird, und zu recht wohl verweist er auf die Verwandtschaft dieser Figur mit dem melismatischen »o« in Schützens Hoheliedmotette »O, quam tu pulchra es [...].«[34] Denn ohne Zweifel ist auch die Sprache des augustinischen Hymnus erotisch gefärbt, wenn es dort etwa heißt: »Mein Helfer, du hast mir mein Herz genommen mit deiner Liebe, daß ich mich ohn' Unterlaß nach dir sehne [...].« Bonhoeffer nun kommentiert in deutlicher Anlehnung an Mosers Formulierung: »Auch denke ich

gelegentlich an das o ————————! aus dem augustinischen ›o bone Jesu‹ von Schütz. Ist dieser Passus nicht in gewisser Weise, nämlich in seiner ekstatischen, sehnsüchtigen und doch so reinen Andacht, auch so etwas wie die ›Wiederbringung‹ alles irdischen Verlangens?« (WE [DBW 8], 247) In musikalischen »Begriffen« hat hier die christologische Konzentration – noch vor Einsatz der eigentlichen theologischen Frage, »wer Christus heute für uns eigentlich ist« (a.a.O., 402) – bereits ihre volle Intensität und Intimität erlangt. Wenn man bedenkt, daß Bonhoeffer nur wenige Zeilen vorher (a.a.O., 246) auch das als »ein klein wenig mönchisch-mystisch« empfundene Lied »Ich steh an Deiner Krippe hier [...]« zitiert hat, dann mag man hier sogar von einer Tendenz zur Christus-Mystik reden.

Allerdings ist zu beachten, daß Bonhoeffer nach der Erwähnung des ekstatischen »o« bei Schütz ganz nüchtern fortfährt: »›Wiederbringung‹ ist übrigens ja nicht zu verwechseln mit ›Sublimierung‹!«

---

34    Vgl. H. J. MOSER, *Heinrich Schütz,* 436f. Vgl. H. SCHÜTZ, »O quam tu pulchra es, amica mea / Veni de Libano, amica mea« (Doppelmotette; SWV 265/66), in: *Symphoniae Sacrae, Neue Ausgabe,* Bd. 13, 72ff.

(a.a.O., 247) Die *Wiederbringung aller Dinge* ist das Thema, unter dem der ganze Abschnitt steht. Worum geht es Bonhoeffer dabei?

Anlaß für seine Gedankenkette ist auch hier wieder eine Paul-Gerhardt-Strophe, und zwar die fünfte aus dem Weihnachtslied »Fröhlich soll meine Herze springen [...]« (vgl. *Evangelisches Gesangbuch,* Nr. 36): »Mir geht in den letzten Wochen immer wieder der Vers durch den Kopf: ›Lasset fahr'n, o liebe Brüder,/ was euch quält,/ was euch fehlt,/ ich bring alles wieder.‹ Was heißt dies: ›ich bring alles wieder‹? Es geht nichts verloren, in Christus ist alles aufgehoben, aufbewahrt, allerdings in verwandelter Gestalt, durchsichtig, klar, befreit von der Qual des selbstsüchtigen Begehrens.« Bonhoeffer spielt hier auf die »Lehre von der Wiederbringung aller Dinge« des Kirchenvaters Irenäus von Lyon an, die er als einen »überaus tröstlichen Gedanken« empfindet (WE [DBW 8], 246).[35] Sie erscheint ihm als die angemessene theologische Antwort auf die »Sehnsucht nach einem Vergangenen«, die ihn gelegentlich, und zwar »zu völlig unberechenbaren Zeiten« (a.a.O., 245), überfällt: »Nach meinen Erfahrungen gibt es nichts Quälenderes als die Sehnsucht [...], und ich habe in den Monaten hier im Gefängnis ein paar Mal ganz schreckliche Sehnsucht gehabt« (a.a.O., 242f.). Mit einem Ersatz für das Verlorene und Entbehrte will er sich keinesfalls zufriedengeben: »Der Ersatz widert uns an. Wir müssen einfach warten und warten, wir müssen an der Trennung unsäglich lei-

---

35  Vgl. etwa: Irenäus von Lyon, *Adversus haereses* I, 10,1 die Formulierung in der Glaubensregel:»[...] und seine Wiederkunft aus den Himmeln in der Herrlichkeit des Vaters, um alles zusammenzufassen (ἐπὶ τὸ ἀνακεφαλαιώσασθαι τὰ πάντα) und alles Fleisch der gesamten Menschheit aufzuwekken [...]« (Übersetzung nach: *Kirchen- und Theologiegeschichte in Quellen,* Bd. 1: Alte Kirche, ausgew., übers. u. kommentiert von A. M. Ritter, Neukirchen-Vluyn 1977, 54; Hervorhebung AP). Der Übersetzer der Bibliothek der Kirchenväter, E. Klebba, übersetzt hier (Bd. 3, 33), Bonhoeffers Verständnis entsprechend:»alles wiederherzustellen«. – Vgl. schon Eph 1,10:»[...] auf daß alle Dinge *zusammengefaßt* würden in Christus, was im Himmel und auf Erden ist, durch ihn selbst« (nach Luther; Hervorhebung AP).

den, wir müssen Sehnsucht empfinden fast bis zum Krankwerden – und nur dadurch halten wir die Gemeinschaft mit den Menschen, die wir lieben, aufrecht, wenn auch auf eine sehr schmerzhafte Weise [...]. Es ist nichts verkehrter, als den Versuch zu machen, in solchen Zeiten sich irgendeinen Ersatz für das Unerreichbare zu schaffen.« Stattdessen sucht Bonhoeffer »die Kraft«, um »die Spannung zu überwinden«, in der »vollen Konzentration auf den Gegenstand der Sehnsucht« (a.a.O., 243), und er ist überzeugt, daß Christus dies alles wiederbringen werde, »und zwar so, wie es von Gott ursprünglich gemeint war, ohne die Entstellung durch unsere Sünde« (a.a.O., 246).[36]

Offensichtlich versteht Bonhoeffer die Lehre des Irenäus von der *recapitulatio* (bzw. der ἀνακεφαλαίωσις) in geschichtlicher oder vielmehr end-geschichtlicher Perspektive als eschatologische »Wiederbringung aller Dinge« durch den Wiedergekommenen. Damit aber weicht er deutlich von der herrschenden theologischen Lehrmeinung ab, wonach es sich hier eher um eine kosmologisch-gnostische »Zusammenfassung« aller Dinge in Christus handeln soll.[37] Zu dieser Historisierung des *recapitulatio*-Gedankens, die die musikalische Assoziation an das sehnsüchtige »o« bei Schütz allererst ermöglicht, gibt es aber eine auffällige Parallele bei Walter Benjamin, der sich zum Zeitpunkt von Bonhoeffers zitiertem Brief freilich schon auf der Flucht vor den Nazi-Schergen an der französisch-spanischen Grenze das Leben genommen hatte. In seinem letzten, erst posthum veröffentlichten Text, den The-

---

36  Zum Thema »Wiederbringung« bei Bonhoeffer vgl. auch das durch Jørgen Glenthøj überlieferte Gespräch zwischen Karl Barth und Bonhoeffer aus dem Jahr 1941: »Bonhoeffer fragt: Glauben Sie, daß alles wiederkommen wird? Wird es sein – so wie der Genfer See? Karl Barth: Ja, so wie der Genfer See!« (J. GLENTHØJ, »Bonhoeffer und die Ökumene«, in: *Die mündige Welt,* Bd. 2, München 1956, 198).

37  Vgl. etwa E. SCHARL, *Recapitulatio mundi,* Freiburg i. Br. 1941; vgl. aber auch Luthers Randglosse zu seiner Übersetzung von Eph 1,10 (»zusammengefaßt«): »Gott wil Christo alle ding unterthan und fur einen HErrn und Heubt gehalten haben.«

sen *Über den Begriff der Geschichte* (1940), heißt es von der »messianischen Zeit«, daß sie »in einer ungeheuren Abbreviatur die Geschichte der ganzen Menschheit *zusammenfaßt*«. Auch hier meint Zusammenfassung eine »Wiederbringung«, geht es doch um die Wahrnehmung »einer revolutionären Chance im Kampfe für die unterdrückte Vergangenheit«.[38] Im Hintergrund dieser Benjaminschen Gedanken steht die kabbalistische Lehre vom messianischen *Tikkun* als »der Wiederherstellung des harmonischen Standes der Welt«.[39]

Im übrigen hat die Historisierung des *recapitulatio*-Gedankens im Sinne einer »Wiederbringung« des Verlorenen starke Gründe in der Hebräischen Bibel für sich: Tatsächlich versteht Bonhoeffer die ἀνακεφαλαίωσις von Eph 1,10 nicht im Horizont des gnostischen Erlöser-Mythos, sondern biblisch von Kohelet 3 her, wo es in v. 15 heißt: »Gott sucht wieder auf, was vergangen ist.«[40] Bonhoeffer kommentiert:»Dies letzte heißt doch wohl, daß nichts Vergangenes verloren ist, daß Gott mit uns unsere Vergangenheit, die zu uns gehört, wieder aufsucht« (WE [DBW 8], 245). Im Epheserbrief und in der Lehre des Irenäus finde dieser alttestamentliche Gedanke seine christologische Erfüllung. Und niemand habe das »so einfach und kindlich auszudrükken vermocht wie Paul Gerhardt in dem Wort, das er dem Christuskind in den Mund legt: ›ich bring alles wieder‹« (a.a.O., 246).

---

38    W. BENJAMIN, Über den Begriff der Geschichte, in: ders., *Gesammelte Schriften* (GS), Bd. I/2, Frankfurt a. M. 1974, 702f.; Hervorhebung AP).

39    Vgl. G. SCHOLEM, Zum Verständnis der messianischen Idee im Judentum, in: ders., *Judaica 1*, Frankfurt a. M. 1963, 30.

40    M. BUBER übersetzt noch drastischer:»Das Verjagte, Gott suchts hervor.« Die Kombination von Koh 3,15 mit Eph 1,10 findet sich offenbar schon bei Irenäus (*Adv. haer.* V,14.2):»Was verloren gegangen war, besaß Fleisch und Blut [...]. Folglich hatte auch er Fleisch und Blut, als er das Verlorene suchte und in sich nicht irgendeine andere, sondern die ursprüngliche Schöpfung des Vaters rekapitulierte« (Übersetzung wieder nach A. M. Ritter; s. o.). Hier ist doch wohl auch bei Irenäus *recapitulatio* eher mit »Wiederbringung (Wiederherstellung)« als mit »Zusammenfassung« zu übersetzen.

Inwiefern aber ist bei diesem Verständnis von »Wiederbringung«
die Gefahr einer »Sublimierung« wirklich vermieden? Insofern Sublimierung den Versuch darstellt, die Sehnsucht nach dem Entbehrten
ersatzweise bzw. vergeistigt zu befriedigen, bezeichnet Bonhoeffer sie
als »Fleisch«, während echte Wiederbringung nur als »Neuschöpfung«
durch den »Heiligen Geist« gedacht werden könne: »›Sublimierung‹
ist σάρξ, (und pietistisch?!), ›Wiederbringung‹ ist Geist und zwar
nicht im Sinne von ›Vergeistigung‹ (was auch σάρξ ist), sondern von
καινὴ κτίσις durch das πνεῦμα ἅγιον« (WE [DBW 8], 247).[41]
Bonhoeffer bringt die Erwartung einer neuen Schöpfung bei gleichzei-
tigem Verzicht auf fromme Ersatzbefriedigung dadurch zum Ausdruck, daß er die Betonung in dem Satz »ich bring alles wieder« auf
das erste Wort, »ich«, legt: »d. h. wir können und sollen es uns nicht
selbst wieder nehmen, sondern von Christus geben lassen« (a.a.O.,
248). Da dies gerade auch im Hinblick auf das Verhältnis der
Lebenden zu ihren Toten gilt, wünscht sich Bonhoeffer, daß bei seinem
Begräbnis u. a. das »O bone Jesu« von Schütz gesungen werde,[42] das
nach seiner Auffassung so gut geeignet ist, die »Wiederbringung« alles
irdischen Verlangens durch Christus unverfälscht auszudrücken.

Im übrigen findet sich auch zu Bonhoeffers Abwehr des falschen
Trostes durch vergeistigte (und d. h. zugleich eigenmächtig vorweg-
genommene) Stillung der Sehnsucht eine bemerkenswerte Parallele in
dem zitierten Text von Walter Benjamin. Dort findet sich das Verbot,

---

41  Vgl. hierzu auch Bonhoeffers Würdigung der Barthschen Religionskritik im
    Brief vom 8. 6. 1944 an E. Bethge: »Er führte den Gott Jesu Christi gegen
    die Religion ins Feld, πνεῦμα gegen σάρξ. Das bleibt sein größtes Ver-
    dienst« (WE [DBW 8], 480). Bonhoeffers Verständnis der »Wiederbrin-
    gung« als Neuschöpfung durch den Hl. Geist deutet darauf hin, daß er auch
    Barths Parole »πνεῦμα gegen σάρξ« nicht idealistisch (als »Vergeistigung«),
    sondern im Sinne des biblischen Materialismus historisch aufgefaßt hat.
42  Außerdem möchte er, daß die Psalmen 27 (»Eins bitte ich vom Herren
    […]«) und 70 (»Eile mich, Gott, zu erretten […]«) in der Schützschen
    Vertonung gesungen werden (vgl. WE [DBW 8], 248).

über die Wiederbringung des Verlorenen eigenmächtig zu verfügen bzw. die Sehnsucht durch billigen Ersatz zu überspielen, unter dem Begriff des »Eingedenkens«: »Bekanntlich war es den Juden untersagt, der Zukunft nachzuforschen. Die Thora und das Gebet unterweisen sie dagegen im Eingedenken. Dieses entzauberte die Zukunft, der die verfallen sind, die sich bei den Wahrsagern Auskunft holen. Den Juden wurde die Zukunft aber darum nicht zur homogenen und leeren Zeit. Denn in ihr war jede Sekunde die kleine Pforte, durch die der Messias treten konnte.«[43]

Wie wenig schließlich die Vorliebe für Schütz zu diesem Zeitpunkt bei Bonhoeffer mit musikalischem Ressentiment gegen die romantische Musiktradition zu tun hat, beweist die Tatsache, daß am 30. Mai 1944 nach über einem Jahr Haft plötzlich »Solvejgs Lied« aus *Peer Gynt* von Edvard Grieg, das er im Radio gehört hat, eine ganz ähnliche Rolle in bezug auf das Problem der Vergänglichkeit und Bonhoeffers Sehnsucht nach draußen spielen kann wie ein halbes Jahr zuvor das Schützsche »O bone Jesu«. Das Griegsche Lied hat ihn, wie er im Brief an Eberhard Bethge bekennt, »richtig ergriffen. Treues Warten durch ein ganzes Leben hindurch, das ist der Triumph über die Feindseligkeit des Raumes, d. h. über die Trennung, und der Zeit, d. h. über die Vergänglichkeit. Glaubst Du nicht, daß solche Treue allein glücklich macht und Untreue unglücklich?« (WE [DBW 8], 456f.)[44] Gewiß war für den Häftling, der sonst ganz andere Geräusche zu ertragen hatte, allein schon die seltene Gelegenheit, Musik am Radio zu

---

43  W. Benjamin, Über den Begriff der Geschichte, in: ders., GS I/2, 704.

44  Hier ist der Text von Solvejgs Lied zu beachten: »Der Winter mag scheiden, der Frühling vergehn,/ der Sommer mag verwelken, das Jahr verwehn;/ du kehrest mir zurück, gewiß, du wirst mein, gewiß,/ ich hab es versprochen, ich harre treulich dein./ – Gott helfe dir, wenn du die Sonne noch siehst./ Gott segne dich, wenn du zu Füßen ihm kniest./ Ich will deiner harren bis du mir nah,/ und harrest du dort oben, so treffen wir uns da!«

hören, eine beglückende Erfahrung.[45] Hinzu kommt aber, daß es sich bei »Solvejgs Lied« nicht um irgendein zufälliges Stück handelt; vielmehr bringt der zur Musik gehörende Text zugleich ein Thema zur Sprache, das Bonhoeffer intensiv beschäftigte: die Treue zur »Vergangenheit«.[46] Es zieht ihn an den langen, warmen Mai-Abenden hinaus, »und man könnte Dummheiten machen, wenn man nicht so ›vernünftig‹ wäre. Ob man vielleicht schon zu vernünftig geworden ist?« Jedenfalls berichtet Bonhoeffer in z. T. recht ungeschützten Formulierungen davon, welche Mühe es ihn kostet, »so lange jedes Begehren ganz bewußt in sich niedergeknüppelt« zu haben, bis es möglicherweise »eines Tages eine furchtbare Explosion gibt«. Er hat geradezu Angst vor selbstquälerischen Tagträumereien und »flüchtet« sich daher »ins Denken, ins Briefeschreiben, in die Freude über Euer Glück«. So versucht er selbst, die Feindseligkeit von Raum und Zeit in Treue gegenüber dem Entbehrten zu überwinden, indem er sich gleichzeitig »– als Selbstschutz – das eigene Begehren« verbietet: »Es wäre, so paradox es klingt – selbstloser, wenn ich vor meinem Begehren nicht solche Angst zu haben brauchte, sondern ihm freien Lauf lassen könnte – aber

---

45  Vgl. WE (DBW 8), 183: »Nach einem Trio-, Quartett- oder Singabend habe ich manchmal richtigen Hunger. Das Ohr möchte einmal wieder etwas anderes hören als die Stimmen in diesem Bau.« – Vgl. auch a.a.O., 418: »Merkwürdig nur, wenn mitten in die Musik hinein ›Kampfverbände im Anflug auf …‹ gemeldet wird. Der Zusammenhang von beidem ist doch nicht ohne weiteres ersichtlich.« Vgl. schließlich das Gedicht »Nächtliche Stimmen« (a.a.O., 516ff.).

46  Vgl. den Brief an E. Bethge vom 4. Juni 1944 (WE [DBW 8], 466f.): »Für mich ist diese Auseinandersetzung mit der Vergangenheit, der Versuch, sie festzuhalten und wiederzugewinnen, vor allem die Furcht, sie zu verlieren, fast die tägliche Begleitmusik meines hiesigen Lebens, die zeitweise […] zum Thema mit Variationen wird.« – Vgl. dazu das Gedicht »Vergangenheit« (a.a.O., 468ff), ein Denkmal der Freundschaft mit Eberhard Bethge und zugleich ein Liebesgedicht für die Verlobte Maria von Wedemeyer (vgl. *Brautbriefe Zelle 92: 1943–1945. Dietrich Bonhoeffer, Maria von Wedemeyer,* hg. v. R.-A. von Bismarck u. U. Kabitz, München 1992, 192ff.).

das ist sehr schwer« (a.a.O., 456). In dieser Situation nun wirkt »Solvejgs Lied« fast wie die Lunte am Pulverfaß.

So entspricht es durchaus eigener Erfahrung, wenn Bonhoeffer in demselben Adventsbrief, in dem er über die »Wiederbringung« des Verlorenen im Zusammenhang mit dem Schützschen »O bone Jesu« meditiert, auf eine »Gefahr« in der Musik meint hinweisen zu müssen. Das gilt im Fall des »rührenden alten Mannes«, der alljährlich ins Gefängnis kommt, um Weihnachtslieder zu blasen mit der Wirkung, »daß die Häftlinge das heulende Elend kriegen«. Bonhoeffer meint, »daß angesichts *dieses* Elendes, das in diesem Hause herrscht, eine doch mehr oder weniger nur spielerisch-sentimentale Erinnerung an Weihnachten unangebracht ist. Es würde schon ein gutes, persönliches Wort, eine Predigt, dazugehören. Ohne ein solches kann die Musik allein direkt zur Gefahr werden« (WE [DBW 8], 248). Spielerisch-sentimentale Erinnerung an die Vergangenheit ohne begleitende kritische Reflexion stellt allenfalls eine Ersatzbefriedigung dar, kann die Treue zum Entbehrten aber nicht aufrechterhalten, geschweige denn das Verlorene wiederbringen. Offensichtlich spüren das auch die durch die Weihnachtslieder »demoralisierten« Häftlinge, weshalb sie »in früheren Jahren […] mehrfach dabei gepfiffen und Krach geschlagen haben (sollen), wohl einfach um nicht weich zu werden« (ebd.), – oder auch, weil sie so billig sich nicht abspeisen lassen wollten. Das Verlangen nach dem Entbehrten darf nicht durch sentimentalen Ersatz überspielt werden. Treue zum Verlorenen verlangt, daß die Spannung der Entbehrung ausgehalten wird.[47]

---

47 Vgl. hierzu E. BLOCH, *Das Prinzip Hoffnung*, Bd. 3, Frankfurt a. M. 1974, 1244 (Die Nymphe Syrinx): »So beginnt Musik sehnsüchtig und bereits durchaus als *Ruf ins Entbehrte*.«

# 5. Die Kunst der Fuge und die Verschwörung

Die strenge Bindung ans (gepredigte) Wort, ohne die Musik gefährlich zu werden droht, hat nun aber in Bonhoeffers Gefängnisbriefen noch eine andere Konsequenz, die sich vorher allenfalls angedeutet hatte: Musik erhält gerade in ihrer christologischen Verankerung eine ungeahnte Freiheit. Bonhoeffer ist in diesem Zusammenhang sogar bereit, eine bedeutsame Korrektur an der Mandatelehre seiner *Ethik* vorzunehmen. So heißt es im Brief an Renate und Eberhard Bethge vom 23. Januar 1944:»Wer kann z. B. in unseren Zeiten noch unbeschwert Musik oder Freundschaft pflegen, spielen und sich freuen? Sicher nicht der ›ethische‹ Mensch, sondern nur der Christ« (WE [DBW 8], 291). Wie ist das zu verstehen?

In einem Einschub (wahrscheinlich aus dem Jahr 1941) zu einem Entwurf zur *Ethik* aus dem Vorjahr (»Christus, die Wirklichkeit und das Gute«) hatte Bonhoeffer die»Beziehung der Welt auf Christus« noch in den vier Mandaten der Arbeit, der Ehe, der Obrigkeit und der Kirche konkretisieren wollen (E [DBW 6], 54), wobei dann die Musik, dieser»Vorgeschmack der himmlischen Musik« auf Erden, als Schöpfung Kains unter das Mandat der Arbeit fiel.[48] Im Brief aus dem Gefängnis vom Januar 1944 hingegen will er»Kultur und Bildung« –

---

48  Vgl. E (DBW 6), 57:»Die erste Schöpfung Kains war die Stadt, das irdische Gegenbild der Stadt Gottes. Es folgt die Erfindung der Geigen und Flöten, die uns auf Erden den Vorgeschmack der himmlischen Musik gewähren.« – Die Konzeption der Mandatelehre ist bei Bonhoeffer durchaus fließend: Das Mandat der Arbeit aus dem Einschub zum Entwurf »Christus, die Wirklichkeit und das Gute« (zur Datierung vgl. das»Vorwort der Herausgeber«, a.a.O., 16f.) ist in dem späteren Entwurf»Das konkrete Gebot und die göttlichen Mandate« (wahrscheinlich Frühjahr 1943) durch das Mandat der Kultur ersetzt (vgl. a.a.O., 392). Möglicherweise war Bonhoeffer der Arbeitsbegriff zu eng geworden, um darunter auch noch die Kunst subsumieren zu können. Im Brief aus dem Gefängnis vom Januar 1944 findet sich dann wieder das Mandat der Arbeit (vgl. WE [DBW 8],

und dazu gehört für ihn als »Unterbegriff« neben der Freundschaft (über die er hier primär meditiert) auch die Musik – nicht mehr »einfach dem Arbeitsbegriff unterordnen [...], so verlockend das in vieler Hinsicht wäre« (WE [DBW 8], 290f.). Zwar hält er daran fest, daß »Ehe, Arbeit, Staat und Kirche [...] ihr konkretes göttliches Mandat« haben, – ganz neu gegenüber der *Ethik* ist aber seine Rede von einem »Spielraum der Freiheit«, der diesen »Bereich des Gehorsams« umgebe.[49] Zum vollen Menschsein gehöre mehr als die vier Mandate, durch die »unsere ›protestantisch‹ (nicht lutherisch!)-preußische Welt [...] so stark bestimmt« sei, »daß der Spielraum der Freiheit dahinter ganz zurückgetreten ist«. Musik fällt jetzt für Bonhoeffer unter »die ›necessitas‹ der *Freiheit*«, die zwar nicht den »Anspruch auf die ›necessitas‹ eines göttlichen Gebotes« erheben könne, aber doch zum vollen Menschsein dazugehöre »wie die Kornblume zum Ährenfeld« (a.a.O., 291f.).[50]

Musik in der Schwebe zwischen »Bindung ans Wort« und Autonomie im »Spielraum der Freiheit« – diese Auffassung scheint auch einen Monat später (23. Februar 1944) wieder durch, als Bonhoeffer in

---

290f.), jetzt wird aber der durch die Mandate bestimmte »Bereich des Gehorsams« überhaupt durch »Kultur und Bildung« gesprengt, die nunmehr in den »Spielraum der Freiheit« hineingehören, der hier ganz neu auftaucht und die Mandate relativiert.

49 Wie dieser »Spielraum der Freiheit« christologisch zu verankern wäre, scheint Bonhoeffer noch undeutlich zu sein. An einer Stelle ergänzt er, offenbar experimentierend, hinter »Freiheit« in Klammern: »des Christenmenschen!?«. Einerseits scheint ihm der Spielraum der Freiheit besonders eng mit dem vierten Mandat (Kirche) verbunden zu sein, das »unserer vorwiegend durch die 3 ersten Mandate bestimmten Welt« konfrontiert wird. Andererseits soll der Spielraum der Freiheit die Umgebung aller vier Mandate bilden« (WE [DBW 8], 291f.). Hier wird deutlich, wie sehr Bonhoeffers theologisches Denken, zumal im brieflichen Austausch, noch im experimentellen Fluß ist.

50 Vgl. hierzu auch das Gedicht »Der Freund« (WE [DBW 8], 585ff.).

einem Brief an Eberhard Bethge auf die *Kunst der Fuge* von J. S. Bach zu sprechen kommt:»Es gibt schließlich Fragmente [...], die bedeutsam sind auf Jahrhunderte hinaus, weil ihre Vollendung nur eine göttliche Sache sein kann, also Fragmente, die Fragmente sein müssen – ich denke zum Beispiel an die Kunst der Fuge« (WE [DBW 8], 336).[51] Bonhoeffer sieht dies in Entsprechung zur gesellschaftlichen Situation seiner Generation[52]:»Je länger wir aus unserem eigentlichen beruflichen und persönlichen Lebensbereich herausgerissen sind, desto mehr empfinden wir, daß unser Leben – im Unterschied zu dem unserer Eltern – fragmentarischen Charakter hat« (a.a.O., 335).[53] Die Zeit des»Universalgelehrten« und des»Spezialisten« sei vorbei,»unsre geistige Existenz [...] bleibt dabei ein Torso. Es kommt wohl nur darauf an, ob man dem Fragment unsres Lebens noch ansieht, wie das Ganze eigentlich angelegt und gedacht war und aus welchem Material es besteht« (a.a.O., 335f.; vgl. auch 331: Brief an die Eltern vom 20. 2. 1944). Es geht hier nicht um das Fragment als (nach romantischer

---

51 Eberhard Bethge meint sich zu erinnern (Brief an den Vf. vom 12.8.1984), daß Bonhoeffer und er»damals wohl eine Partitur zur Kunst d. F.« hatten. Vor allem aber hätten sie anhand der Ausgabe von E. Schwebsch (vgl. *Die Kunst der Fuge, für zwei Klaviere gesetzt von Erich Schwebsch,* nach der Neuordnung von Wolfgang Graeser, Wolfenbüttel und Berlin 1937), die sie kauften,»immer wieder hier und da« sich praktisch an diesem Werk»versucht«, indem sie das 1938 erworbene»Spinettino zum Flügel dazu nahmen«.

52 Vgl. hierzu die Bemerkung TH. W. ADORNOS in bezug auf den fragmentarischen Charakter der Opern von Schönberg und Berg (Einleitung, in: ders., GS 14, 260):»Offenbar ist in der gegenwärtigen Situation alles geistig Entscheidende zum Fragment verurteilt.«

53 Drei Tage zuvor hat Bonhoeffer in einem Brief an die Eltern deren Leben als»ein ausgeglichenes und erfülltes Ganzes« gekennzeichnet, demgegenüber er»das Unvollendete, Fragmentarische unseres Lebens [...] besonders stark« empfinde;»aber gerade das Fragment kann ja auch wieder auf eine menschlich nicht mehr zu leistende höhere Vollendung hinweisen« (WE [DBW 8], 330f.).

Kunstauffassung) frei gewählte künstlerische Form im Gegensatz zum geschlossenen System, sondern um das Leben einer ganzen Generation, das durch »die Gewalt der äußeren Ereignisse [...] in Bruchstücke« geschlagen wird (ebd.). Das macht auch der Hinweis auf Jeremia 45 deutlich, den Bonhoeffer im zitierten Brief an Eberhard Bethge seiner Reflexion über die Entsprechung zwischen der *Kunst der Fuge* und »unserem fragmentarischen Leben« folgen läßt: »Jeremia 45 läßt mich nicht mehr los [...]. Auch hier ein – notwendiges – Lebensfragment – ›aber Deine Seele will ich Dir zur Beute geben‹« (a.a.O., 336).[54]

Inwiefern aber kann im Falle von Bachs *Kunst der Fuge* von einer durch die gesellschaftliche Gewalt erzwungenen Fragmentierung die Rede sein? Immerhin entstand dieses Werk ja noch in der Zeit des »Universalgelehrten«, von der es zumal in der »wissenschaftlichen« Anlage durchaus geprägt ist. Es ist jedoch zu beachten, daß die Zeit von Bachs spekulativem Spätwerk durch eine »Krisis der Kultur und der Reformation« geprägt war, die Bach auch als solche wahrgenommen haben dürfte.[55] Wenn Bach gerade in der *Kunst der Fuge* als kon-

---

54  Die Stelle aus Jeremia lautet im Zusammenhang: »Du sprichst: ›Weh mir, wie hat mir der HErr Jammer über meine Schmerzen zugefügt. Ich seufze mich müde und finde keine Ruhe.‹ Sage ihm also: ›So spricht der HErr: Siehe, was ich gebaut habe, das brech ich ab; und was ich gepflanzt habe, das reute ich aus, samt diesem ganzen meinem eigen Lande. Und du begehrest dir große Ding, – begehr es nicht! Denn siehe, ich will Unglück kommen lassen über alles Fleisch, spricht der HErr. Aber deine Seele will ich dir zur Beute geben, an welchen Ort du ziehest‹« (Jer 45,3-5).

55  Vgl. U. Duse, Musik und Schweigen in der Kunst der Fuge, in: *Musik-Konzepte 17/18 (Johann Sebastian Bachs spekulatives Spätwerk)*, München 1981, 108: »Bach dürfte die Krisis weitaus vielfältiger wahrgenommen haben, als man meinen möchte; er muß sie als kollektive Krisis des Hörens, als Krisis der sozialen Beziehungen, als Krisis der familiären Verhältnisse, als Krisis des alten politischen Despotismus erlebt haben; und schließlich muß er sie – angesichts der unbefangenen Religionspolitik Friedrichs des Großen – als ungeheure Glaubenskrisis empfunden haben.«

servativ empfunden wurde, dann ist zu »betonen, daß konservativ zu sein damals hieß, *nicht* konservativ zu sein«. Bachs Rückzug in die Isolation könnte dann als Protest gegen den aufgeklärten Absolutismus eines Friedrich II., den er nicht zuletzt als Verrat an der Reformation empfunden haben dürfte, verstanden werden. Unter diesem Aspekt wäre die gesellschaftliche Isolierung des späten Bach durchaus vergleichbar mit der Isolierung der neuen Musik »schon vor der Schwelle des Nazismus«.[56]

So scheint es keineswegs willkürlich, wenn Bonhoeffer unter den Bedingungen der Haft in einem Militärgefängnis der Nazis die *Kunst der Fuge* gerade aufgrund ihres fragmentarischen Charakters als aktuell empfindet: »Wenn unser Leben auch nur ein entferntester Abglanz eines solchen Fragmentes ist, in dem wenigstens eine kurze Zeit lang die sich immer stärker häufenden, verschiedenen Themata zusammenstimmen und in dem der große Kontrapunkt vom Anfang bis zum Ende durchgehalten wird, so daß schließlich nach dem Abbruch – höchstens noch der Choral: ›Vor Deinen Thron tret ich allhier [! AP]‹ – intoniert werden kann, dann wollen wir uns auch über unser fragmentarisches Leben nicht beklagen, sondern daran sogar froh werden« (WE [DBW 8], 336).

Nur zwei Tage zuvor (21. 2. 1944) hatte Bonhoeffer am Anfang des zitierten Briefes an Eberhard Bethge über »die Grenzen zwischen dem notwendigen Widerstand gegen das ›Schicksal‹ und der ebenso notwendigen ›Ergebung‹« nachgedacht: »Von ›Führung‹ kann man erst *jenseits* dieses zweifachen Vorgangs sprechen [...]. In meiner Frage geht es also im Grunde darum [...], wie aus dem ›Schicksal‹ wirklich ›Führung‹ wird« (WE [DBW 8], 333f.), nämlich eine Führung, in der

---

56 U. DUSE, a.a.O., 111 u. 113; vgl. auch 105: In einer Zeit, in der Friedrich, der »liberale König«, »Jesuiten wie protestantische Pastoren ohne jeden Unterschied nach derselben Regel aufhängen ließ, wenn sie die Soldaten zur Desertion aufriefen«, habe Bach »die Anstrengung einer Wendung nach innen, in die Selbstisolierung« auf sich genommen.

Gott selbst den menschlich nicht mehr zu leistenden Widerstand in die Hand nimmt. Vor dem Hintergrund dieser Überlegung ist aber jede falsche Versöhnung durch den Schlußchoral ausgeschlossen; dieser unterstreicht vielmehr noch einmal die Unversöhnlichkeit mit den Todesmächten, indem er jenseits des Umschlags vom alltäglichen »vorletzten« Widerstand in »letzte« Ergebung auf den Widerstand des lebendigen Gottes selbst verweist. Die musikhistorische Frage, wie der Choral an das Ende der *Kunst der Fuge* geraten sei, scheint Bonhoeffer nicht weiter zu interessieren.[57] Entscheidend ist für ihn das theologische Argument: Wenn jenseits des durch die Todesgewalt erzwungenen Schweigens der Musik »höchstens noch« die Intonierung des Chorals möglich erscheint, dann soll dies als Zeichen dafür dienen, daß das »Fragment unseres Lebens« auf eine »menschlich nicht mehr zu leistende höhere Vollendung hinweisen« könnte (a.a.O., 331), auf einen lebendigen Widerstand jenseits der Ergebung.[58]

---

57  Nach der von Bonhoeffer und Bethge benutzten Fassung von E. SCHWEBSCH, in deren Vorwort die Graesersche Neuordnung anthroposophisch verbrämt wird, scheint der Choral eigentlich nicht zum Werk zu gehören, auch wenn er als versöhnliche Geste zum Schluß geduldet wird: »Ohne jeden äußeren Zusammenhang mit der ›Kunst der Fuge‹, ja in fremder Tonart, erklingt da demütig, was eigentlich in der überweltlichen Größe die Schlußharmonie des großen Werkes, ja seines ganzen Lebenswerkes aussprechen sollte: ›Vor deinen Thron tret ich hiermit‹.« Darum sei, trotz allem, der »angehängte Choral innerlich nicht unberechtigt«. Er vollziehe »in unaufdringlicher Form die versöhnende Rückleitung in die Tageswelt, deren Eindringen im Sturz aus höchster Höhe sonst als unerträglich empfunden werden würde« (zit. nach W. KOLNEDER, *Die Kunst der Fuge,* Teil III, Wilhelmshaven 1977, 330).

58  Ähnlich kann auch U. DUSE (Musik und Schweigen, a.a.O., 112) nicht nur dem Abbruch der *Kunst der Fuge,* sondern auch der »möglichen Auflösung in den Choral« einen Sinn abgewinnen, nämlich den, »über den Klang hinaus« zu weisen. Dies gilt allerdings auch schon vom Abbruch, den Duse wie folgt kommentiert: »So kann nun der Klang nicht länger zum höheren Ruhme Gottes sein; was zurückbleibt, ist die Musik des Schweigens« (a.a.O., 110).

Hierher gehört der aufregende Hinweis von Winfried Maechler auf den Zusammenhang zwischen der *Kunst der Fuge* und Bonhoeffers Beteiligung am politischen Widerstand gegen Hitler. Demnach hat Bonhoeffer seinen Freunden über die Fortschritte der Widerstandsbewegung ins Feld geschrieben,»als seien es Vorbereitungen zur Aufführung der Kunst der Fuge, die er in Berlin erlebt hatte.«[59] Maechler erinnert sich:»Ich selbst traf ihn zuletzt auf einem Urlaub in Berlin, als er im Begriff war, ein Konzert mit der ›Kunst der Fuge‹ im Schloß Charlottenburg zu besuchen. Er versprach mir, gelegentlich einmal zu schreiben, wie es mit dem geplanten Komplott stünde, als ob es sich um die Aufführung eines Konzertes handele. Ich bekam nur einmal eine Karte, auf der stand: ›Leider hat sich die Aufführung des Konzertes verschoben, weil einige Künstler absagen mußten.‹ Als dann schließlich die Aufführung stattfand, war es zu spät!«[60] *Die Kunst der Fuge* als Plan einer Verschwörung oder auch: Das Attentat als Aufführung der *Kunst der Fuge,* – bei Bonhoeffer dürfte dieser Vergleich kein Zufall sein.

Indem Bonhoeffer das komplexe»freie Spiel« mit den kontrapunktischen Formen in Bachs letztem Cembalowerk[61] derart als Hinweis auf das»Wort« (im Choral) versteht, markiert er zugleich den Schwebezustand, in dem sich Musik nach seiner Auffassung nunmehr befindet:

59    W. MAECHLER, Vom Pazifisten zum Widerstandskämpfer. Bonhoeffers Kampf für die Entrechteten, in: *Die Mündige Welt* (I), München (3. Aufl.) 1959, 90.

60    Ders., Bonhoeffers Fanøer Friedenspredigt als Appell an die Christenheit heute, in: *Dietrich Bonhoeffer und die Kirche in der modernen Welt* (epd-Dokumentation, Nr. 2–3/1981), 104. Bei der von Bonhoeffer besuchten Aufführung kann es sich nur um eine Aufführung unter Diener handeln, der die *Kunst der Fuge* noch im Krieg mehrfach jeweils am Bußtag und an Sylvester in seiner Streicherfassung in Berlin vorstellte (vgl. W. KOLNEDER, *Die Kunst der Fuge*, Teil V: *Die Aufführungen*, Wilhelmshaven 1977).

61    Vgl. G. LEONHARDT, *The Art of Fugue. Bach's Last Harpsichord Work*, Den Haag 1952.

zwischen der zuvor geforderten »Bindung ans Wort« und der Befreiung zu »echter Weltlichkeit« im »Spielraum der Freiheit«, der Christus und sein Gebot (die Welt der Mandate) umgibt (vgl. WE [DBW 8], 291).

Damit scheint sich Bonhoeffer der Auffassung Karl Barths zu nähern, wonach Musik wesentlich ein »Spielen« sei, – was Barth jedoch nicht so sehr an Bach, sondern vielmehr an der Musik Mozarts aufgegangen ist: »Zum täglichen Brot gehört auch das Spielen […]. Spielen ist aber ein Ding, das gekonnt sein will, und insofern eine hohe und strenge Sache. Ich höre in Mozart eine Kunst des Spielens, die ich so bei keinem anderen wahrnehme.«[62] Das gelte übrigens auch für Mozarts Kirchenmusik: »Wahr […] ist, daß er das bekannte Programm: es habe der Ton dem Wort nur zu dienen, dieses nur auszulegen […], tatsächlich nicht erfüllt hat. Aber ist das das einzig mögliche Programm kirchlicher Musik? […] Sein Ton ist, wenn ich recht höre, in seiner kirchlichen wie in seiner sonstigen Musik ein freies Gegenbild zu dem ihm jeweils vorgegebenen Wort. Er ist von diesem angeregt, er begleitet, er umspielt es [...]. Er hört, er respektiert das Wort in seinem bestimmten Gehalt und Charakter hier wie dort, aber dann macht er hier wie dort Musik, seine Musik dazu – ein durch das Wort gebundenes, aber in seiner Bindung daran auch souveränes Gebilde eigener Natur.«[63] Dies wäre im Sinne Bonhoeffers wohl als »mündig gewordene« Musik zu bezeichnen!

In einem Brief vom Bußtag 1943 an die Eltern war es noch der »geistliche« Bach, dessen Werke durch ihre liturgische Zuordnung bereits ans Wort gebunden sind, der Bonhoeffer vor allem beschäftigte: »Seit Jahren« gehöre Bachs *h-moll-Messe* für ihn »ebenso zum Bußtag wie die Matthäuspassion zum Karfreitag«. Wenn Bonhoeffer in diesem Zusammenhang die *h-moll-Messe* als die »für mich schön-

---

62   K. BARTH, *Wolfgang Amadeus Mozart,* Zürich 1956, 8.
63   K. BARTH, a.a.O., 26f.; vgl. schließlich Barths Ansprache »Mozarts Freiheit« (a.a.O., 31ff.).

ste Bach'sche Musik« bezeichnet, dann nicht zuletzt deshalb, weil der Einsatz des großen »Kyrie Eleison« beim ersten Hören seinerzeit »im selben Augenblick [...] alles andere« um ihn herum habe versinken lassen, insbesondere auch die Frage nach seiner theologischen Karriere: »Es war ein unbeschreiblicher Eindruck« (WE [DBW 8], 184).[64] Wie anders im Vergleich dazu Bonhoeffers Überlegungen zur *Kunst der Fuge*! Sie läßt nicht alles andere versinken, sondern nimmt das ganze »Material«, aus dem »unser Leben« gebaut ist, in sich auf, um es neu zu verarbeiten, damit zu spielen und es schließlich – als Fragment – vor den Thron des Höchsten zu bringen. Vielleicht könnte dieser Hinweis auf eine »menschlich nicht mehr zu leistende höhere Vollendung« dann auch die Hoffnung auf Zusammenfügung des Zerschlagenen einschließen.[65]

Noch einmal, am 16. Juli 1944, kommt Bonhoeffer in einem Brief an Bethge auf Bach zu sprechen, diesmal aus Anlaß eines Händelschen »concerto grosso«, das er im Radio gehört hat. Er ist »ganz überrascht«, wie »breit und direkt« Händel »zu trösten vermag, wie wir es nie mehr wagen würden«. Von dieser Erfahrung aus, die ihn offensichtlich etwas peinlich berührt, reflektiert Bonhoeffer auf den

---

64 Vgl. W. DILTHEYS »romantische« Charakterisierung dieses »Kyrie« in: ders., *Von deutscher Dichtung und Musik,* Leipzig / Berlin 1933, 241f.: »[...] ein hervorragender Fall für den Ausdruck der göttlichen Unendlichkeit, welche den Charakter der Größe selber überschreitet, mit den Mitteln der Polyphonie [...]. Dieser Ausdruck enthält mehr Bewußtsein von den religiösen Bewegungen bis in ihre letzten Tiefen, als irgendeiner Reflexion zugänglich wäre.« Bonhoeffer hat Diltheys Buch im Gefängnis gelesen, allerdings erst nach dem Datum des zitierten Briefs (WE [DBW 8], 319; vgl. E. BETHGE, DB, 1053).

65 Vgl. dazu Walter Benjamins Meditation über den »Engel der Geschichte«: Angesichts der »Katastrophe, die unablässig Trümmer auf Trümmer häuft«, möchte er »wohl verweilen, die Toten wecken und das Zerschlagene zusammenfügen« (W. BENJAMIN, Über den Begriff der Geschichte, in: ders., GS I/2, 697).

Unterschied zwischen den Zeitgenossen Händel und Bach:»Händel ist, glaube ich, viel mehr auf den Hörer und auf die Wirkung seiner Musik auf ihn eingestellt als Bach. Darum wirkt er wohl auch manchmal etwas fassadenhaft. Händel will etwas mit seiner Musik, Bach nicht.« Die angefügte Frage »Stimmt das?« (WE [DBW 8], 527) zeigt, daß Bonhoeffer sich hier seiner Sache selbst nicht ganz sicher ist.[66] Worum es geht, hat ähnlich auch Theodor W. Adorno beschrieben: Bach sei ein »Genius des Eingedenkens« gewesen. Die archaistischen Züge in Bachs Spätwerk zumal meinten »den Widerstand gegen den unaufhaltsam in eins mit ihrer Subjektivierung sich durchsetzenden Warencharakter« der Musik, wie er gerade bei Händel aufweisbar ist.[67] Händel galt schon seinen Zeitgenossen als der modernere Komponist, insofern er nämlich größere Rücksichten auf den Geschmack des Publikums nahm. Damit wird aber gerade der »direkte Trost«, den seine Musik nach Bonhoeffers Eindruck zu spenden vermag, zum falschen Trost, Trost als Ware. Das scheint er gespürt zu haben, wenn er von »fassadenhafter« Wirkung spricht.[68]

---

66  Übrigens hat K. Barth eine ganz ähnlich lautende Unterscheidung zwischen Bach und Mozart vorgenommen, wobei hier Mozart den Part übernimmt, den bei Bonhoeffer Bach zu spielen hat (*Wolfgang Amadeus Mozart,* 25f.):»Mozarts Musik ist im Unterschied zu der von Bach keine Botschaft […]. Mozart will nichts sagen, er singt und klingt nur eben. Und so drängt er dem Hörer nichts auf, verlangt von ihm keine Entscheidungen und Stellungnahmen, gibt ihn nur eben frei […]. Er will auch nicht das Lob Gottes verkündigen. Er tut es nur eben faktisch: gerade in der Demut, in der er, gewissermaßen selber nur Instrument, nur eben hören läßt, was er offenbar hört, was aus Gottes Schöpfung auf ihn eindringt, in ihm emporsteigt, aus ihm hervorgehen will.«

67  Vgl. Th. W. Adorno, Bach gegen seine Liebhaber verteidigt (1951), in: ders., *Prismen. Kulturkritik und Gesellschaft,* jetzt: ders., GS 10/1, 142 u. 146.

68  Die schematische Gegenüberstellung von Bach und Händel hatte seinerzeit Konjunktur. In einer prä-faschistischen Variante findet sie sich bei R. Benz, *Die Stunde der deutschen Musik* (Jena 1923), dessen Auslassungen

Schon am 1. Februar desselben Jahres hatte Bonhoeffer sich selbst dagegen als »einen schlechten Tröster« bezeichnet: »Zuhören kann ich, aber sagen kann ich fast nie etwas.« Es scheint ihm eben wichtig, »daß eine bestimmte Not wirklich erlebt wird«. Nichts soll »verwischt oder retouchiert« werden. Anstatt eine »falsche Interpretation der Not« zu liefern, die zunächst vielleicht zu trösten vermöchte, will er lieber »die Not *uninterpretiert*« lassen: »Manchmal denke ich, der wirkliche Trost müsse ebenso unvermutet hereinbrechen wie die Not« (WE [DBW 8], 310). Trost aus Rücksicht auf den Notleidenden, Trost als Ware, wäre falscher Trost, »billige Gnade«. Dies vermag Händels Musik zumeist nur zu geben. Demgegenüber läßt Bachs Musik, wie Bonhoeffer sie hört, die Not uninterpretiert, indem sie sie gerade nur in sich aufnimmt und ausspricht, indem sie hören läßt, was sie selbst hört. So hält sie die Möglichkeit immerhin offen, daß der »wirkliche Trost« als teure Gnade »unvermutet hereinbrechen« kann; wie der Choral nach dem Abbruch der *Kunst der Fuge* – vielleicht ein schlechter, unvollkommener Trost, aber jedenfalls kein falscher.

Bonhoeffer im Oktober 1943 im Gefängnis zur Kenntnis genommen hat (vgl. WE [DBW 8], 158; auch: E. BETHGE, DB, 1053). Dort (90) erscheint Bach als »nordischer Träumer«, als »Germane des heidnischen Altertums«, als »Rätsel-Rauner«, »Runen-Schnitzer« und »sinnender Sänger«. Händels »Pathos« hingegen ist für Benz (133f.) »notwendig das des Helden«, darin der Weltlichkeit Luthers verwandt (die Händel jedoch leider hauptsächlich im Alten Testament finde), während Bach – kaum überraschend – in die Nähe der »stillen Tiefe des Meisters Eckehart« gerät.

# 6. Die Musik des tauben Beethoven und der »neue Leib«

Die strenge christologische Konzentration des Denkens auch im Blick auf die Musik erlaubt Bonhoeffer schließlich, auch die musikalische Tradition des 19. Jahrhunderts theologisch, d. h. von Christus her, zu rehabilitieren. Diese Öffnung geht Hand in Hand mit dem Versuch einer »Rehabilitierung des Bürgertums [...], und zwar gerade vom Christentum her«, wie sie Bonhoeffer im Gefängnis vorschwebt (WE [DBW 8], 189). In denselben Zusammenhang gehört die wiederholte positive Erwähnung seines Berliner Lehrers Adolf von Harnack, dessen Name in der »heißen« Phase des Kirchenkampfes weitgehend zurücktreten mußte.

Am 4. Februar 1944, an seinem 38. Geburtstag, erinnert sich Bonhoeffer, daß seine Seminaristen ihm vor acht Jahren in Finkenwalde Beethovens »Violinkonzert D-Dur geschenkt« hatten, »und wir hörten es zusammen, dann mußte ich Euch etwas von Harnack und vergangenen Zeiten erzählen, was Euch aus irgendeinem Grunde besonders gefiel [...]« (WE [DBW 8], 315). Am 23. Februar kommt Bonhoeffer im Zusammenhang seiner Überlegungen zum »Fragment« auf Harnacks *Geschichte der Akademie* zu sprechen (a.a.O., 335).[69] Und in einem Brief an die Eltern vom 2. März 1944 schließt er an die Erwähnung dieses Buches grundsätzliche Überlegungen zur Tradition insbesondere des 19. Jahrhunderts an, in die er auch die Musik einbezieht: »Die Harnacksche Akademiegeschichte hat mich sehr beeindruckt und mich teils glücklich teils wehmütig gestimmt. Es gibt heute so wenige Menschen, die an das 19. und 18. Jahrhundert noch innerlich und geistig Anschluß suchen; die Musik versucht sich aus dem 16. und

---

69 Vgl. A. VON HARNACK, *Geschichte der königlich preußischen Akademie der Wissenschaften,* Berlin 1901.

51

17. Jahrhundert zu erneuern,[70] die Theologie aus der Reformationszeit […] – aber wer ahnt überhaupt noch, was im vorigen Jahrhundert, also von unseren Großvätern, gearbeitet und geleistet worden ist, und wieviel von dem, was sie gewußt haben, ist uns bereits verloren gegangen!« (a.a.O., 349) Damit dürfte der Grund benannt sein, weshalb die Kandidaten in Finkenwalde offensichtlich besonderen Gefallen an den Erzählungen von »vergangenen Zeiten« gefunden hatten: Die jüngste Vergangenheit, um die es geht, wurde ja von den Nazis mit besonderer Heftigkeit bekämpft, weil sie nicht zuletzt für Aufklärung und Liberalität, aber auch für Sozialismus und Arbeiterbewegung stand. Bonhoeffer fährt in seinen Überlegungen fort: »Ich glaube, die Menschen werden eines Tages aus dem Staunen über die Fruchtbarkeit dieser jetzt vielfach so mißachteten und kaum gekannten Zeit nicht herauskommen« (ebd.).

Das gilt auch für die Musik: Schon Bachs *Kunst der Fuge* fällt ja in eine Zeit, von der etwa die musikalische Jugendbewegung keine Kraft der Erneuerung mehr erwartete, weshalb man hier lieber auf die vorbachische Zeit zurückgriff (der man freilich in fatalem Mißverständnis Bachs spekulatives Spätwerk gerne geistig zuordnete). Bonhoeffer ist aber zugleich voll Bewunderung für die »hilaritas« von Mozart oder auch Hugo Wolf (vgl. WE [DBW 8], 352). Darüber hinaus ist es jetzt auch »die Musik des tauben Beethoven«, die ihm »existentiell verständlicher« wird, wie einem Brief vom 27. März 1944 an Eberhard Bethge zu entnehmen ist: »Besonders gehört für mich dahin der große Variationssatz aus Opus 111, den wir mal zusammen von Gieseking hörten.« Als Notenzitat fügt er hier die ersten vier Takte der Melodie der »Arietta« an (a.a.O., 368):

---

70    Bonhoeffer dürfte sich hier auf die kirchenmusikalischen »Erneuerungs«-Bestrebungen Distlers und Peppings im Geiste von H. Schütz beziehen (vgl. WE [DBW 8], 418), vielleicht auch auf Hindemiths »Neo-Klassizismus«.

Der Anlaß für diese Neuentdeckung des *späten Beethoven* ist folgender: Nachdem Bonhoeffer, der zwar manchmal an einem »scheußlichen Radio« das Sonntagskonzert hören kann, schon »seit einem Jahr [...] keinen Choral mehr (hat) singen hören«, fällt ihm nun beim Durchblättern des Gesangbuchs auf der Suche nach Osterliedern auf: »Es ist merkwürdig, wie die nur mit dem inneren Ohr gehörte Musik, wenn man sich ihr gesammelt hingibt, fast schöner sein kann, als die physisch gehörte; sie hat eine größere Reinheit, alle Schlacken fallen ab; sie gewinnt gewissermaßen einen ›neuen Leib‹!« (a.a.O., 367f.) Bonhoeffer sieht also eine Entsprechung zwischen der leiblichen Auferstehung, der »Auferstehung des Fleisches« (Osterlieder!), und der innerlich gehörten Musik, und es fällt ihm auf, daß es »nur einige wenige Stücke« sind, die er so kennt, daß er sie »von innen her hören kann; aber gerade bei den Osterliedern gelingt es besonders gut«. Und in diesem österlichen Zusammenhang wird ihm gerade auch Beethovens letzter Klaviersonatensatz »existentiell verständlicher« (a.a.O., 368).

In denselben Monaten der Jahre 1943/44 führte im kalifornischen Exil Thomas Mann Gespräche mit Theodor W. Adorno über Musik im allgemeinen, über Schönbergs Zwölfton-System, insbesondere aber auch über Beethovens Spätstil.[71] Diese Gespräche fanden ihren Niederschlag in Thomas Manns Roman *Doktor Faustus*, in dessen 8. Kapitel u. a. Beethovens Sonate op. 111 ausführlich zur Sprache kommt,[72] die damals auch Bonhoeffer beschäftigte. Dieses Zusammentreffen ist so verblüffend, daß es den Versuch geradezu herausfordert, Bonhoeffers Auffassung mit der von Adorno und Thomas Mann zu konfrontieren.

---

71    Vgl. TH. MANN, *Die Entstehung des Doktor Faustus. Roman eines Romans,* Amsterdam 1949, 39ff., 60ff. u. 120.

72    Vgl. TH. MANN, *Doktor Faustus. Das Leben des deutschen Tonsetzers Adrian Leverkühn erzählt von einem Freunde* (1949), Kapitel VIII, Frankfurt a.M. 1971, 51ff.

Thomas Mann läßt im erwähnten Kapitel seines Romans den Organisten und Komponisten Wendell Kretzschmar einen Vortrag über »Die Musik und das Auge« halten, dessen »geistig-reine« Auffassung von Musik Bonhoeffers Vorstellung einer »mit dem inneren Ohr gehörten Musik« entfernt verwandt scheint, insofern es nämlich der »tiefste Wunsch« der Musik sei, »überhaupt nicht gehört« zu werden. Allerdings hätte Bonhoeffer wohl kaum wie Th. Manns Kretzschmar von einem »Jenseits der Sinne und sogar des Gemütes« gesprochen,[73] hörte er doch vielmehr durchaus etwas wie einen »neuen Leib«.

Der Geiger Rudolf Kolisch hat gemeint, in dieser Passage aus Thomas Manns Roman ein Echo auf Adornos Auffassung von »musikalischer Imagination« zu hören.[74] Die Stelle bei Adorno, an die Kolisch dabei denkt, entspricht nun allerdings bis in die wörtliche Formulierung hinein der zitierten Briefstelle bei Bonhoeffer: »Ist Musik, gleich aller Kunst, was einmal die große Philosophie das sinnliche Scheinen der Idee nannte, dann müßte Musikpädagogik vorab die Fähigkeit der musikalischen Imagination fördern, die Schüler lehren, mit dem inneren Ohr [!] Musik so konkret und genau sich vorzustellen, als erklänge sie leibhaft [!]. Die getreue Vorstellung von Musik ist die entscheidende Bedingung dafür, daß die Spannung von Geistigem und Sinnlichem ausgetragen werde, von der Musik überhaupt lebt.«[75] Im Unterschied zum Roman von Thomas Mann soll also das Hören

---

73  Vgl. TH. MANN, Doktor Faustus, 64: »Man sage wohl, die Musik ›wende sich an das Ohr‹; aber das tue sie nur bedingtermaßen, nur insofern nämlich, als das Gehör, wie die übrigen Sinne, stellvertretendes Mittel- und Aufnahmeorgan für das Geistige sei. Vielleicht […] sei es der tiefste Wunsch der Musik, überhaupt nicht gehört, noch selbst gesehen, noch auch gefühlt, sondern, wenn das möglich wäre, in einem Jenseits der Sinne und sogar des Gemütes, im Geistig-Reinen vernommen und angeschaut zu werden.«

74  R. KOLISCH, Zur Theorie der Aufführung. Ein Gespräch mit Berthold Türcke, in: Musik-Konzepte 29/30, München 1983, 11; vgl. TH. W. ADORNO, Zur Musikpädagogik (1957), in: ders., GS 14, 108ff.

75  TH. W. ADORNO, Zur Musikpädagogik, a.a.O., 109.

»mit dem inneren Ohr« nach Adorno keineswegs einfach zur
Vergeistigung (Sublimierung) von Musik führen, sondern vielmehr zu
einer durchaus »leibhaften« Vorstellung, in der zwischen Geistigem
und Sinnlichem eine »Spannung« ausgetragen würde. Das scheint nun
allerdings genau Bonhoeffers Erfahrung von einem »neuen Leib« der
Musik zu entsprechen.

In einem anderen Vortrag über die Frage, »warum Beethoven zu der
Klaviersonate opus 111 keinen dritten Satz geschrieben habe«,[76] läßt
Thomas Mann denselben Kretzschmar über »Beethovens Künstler-
tum« reden, das in den späten Werken »aus wohnlichen Regionen der
Überlieferung [...] vor erschrocken nachblickenden Menschenaugen
in Sphären des ganz und gar nur noch Persönlichen aufgestiegen« sei,
»– ein in Absolutheit schmerzlich isoliertes, durch die Ausgestor-
benheit seines Gehörs auch noch vom Sinnlichen isoliertes Ich«.[77]
Hier scheint stärker als bei Bonhoeffer der romantische Mythos von
der Einsamkeit des Genies und dem Triumph seines Geistes über alle
materielle Bedingtheit durchzuscheinen.[78] Allerdings läßt Thomas

---

76  TH. MANN, *Doktor Faustus,* 53.
77  TH. MANN, a.a.O., 55.
78  Auch zu diesem gnostisierenden Dualismus gibt es eine prä-faschistische
    Variante in den Auslassungen von R. BENZ (*Die Stunde der deutschen Mu-
    sik,* 331f.) über Beethovens Verlust des Gehörs, durch den dessen »Schick-
    sal« sich als ein »Triumph des Geistes über die Bedingtheit durch die
    Materie« erwiesen habe. Dabei stehe die Taubheit des Musikers »nicht nur
    symbolisch für nordische Weltanschauung«, sondern auch für »die Form-
    bedingungen deutscher Kunst« überhaupt: »Diese Kunst, Musik, [müsse] in
    ihrem Sinnlichen leiden [...], um zur höchsten geistigen Freiheit aufzustei-
    gen.« – Vgl. auch a.a.O., 418f. über Beethovens letzte Klaviersonaten und
    Quartette, die »losgelöst von allem Willen zur Verkündigung [...] Zwie-
    sprache eines völlig Einsamen mit sich« seien. So sei es kein Zufall, daß
    sich ihre Form »manchmal der Sprache des andern Einsamen« nähere, »der
    Sprache Bachs [...]. Diese beiden Größten, im Letzten begegnen sie sich:
    weil das Schicksal der Musik *als unerkannter Religion* Beide von den Men-
    schen hinweg in die tiefste Isolierung und Unzugänglichkeit treiben mußte.«

Mann seinen Kretzschmar sofort klarstellen, man dürfe die »Idee des Persönlichen« in Beethovens Spätwerk nicht einfach mit »schrankenloser Subjektivität« und »radikalem harmonischem Ausdruckswillen« gleichsetzen: »Tatsächlich sei Beethoven in seiner Mittelzeit weit subjektivistischer, um nicht zu sagen: weit ›persönlicher‹ gewesen als zuletzt.« Sei der mittlere Beethoven darauf bedacht gewesen, »alles Konventionelle, Formel- und Floskelhafte [...] vom persönlichen Ausdruck verzehren zu lassen, es in die subjektive Dynamik einzuschmelzen«, so trete die Konvention im Spätwerk öfters »unberührt, unverwandelt vom Subjektiven« hervor, »in einer Kahlheit oder [...] Ausgeblasenheit, Ich-Verlassenheit, welche nun wieder schaurigmajestätischer wirkte als jedes persönliche Wagnis.« In den letzten Klaviersonaten etwa »gingen das Subjektive und die Konvention ein neues Verhältnis ein, ein Verhältnis, bestimmt vom Tode«.[79]

Das ist nun freilich ein bis in die wörtliche Formulierung hinein genaues Referat von Adornos Aufsatz über den »Spätstil Beethovens« aus dem Jahr 1934, wo es heißt: »Das Verhältnis der Konventionen zur Subjektivität selber muß als das Formgesetz verstanden werden, aus welchem der Gehalt der Spätwerke entspringt [...]. Dies Formgesetz wird aber gerade im Gedanken an den Tod offenbar.«[80]

Thomas Mann wendet nun Adornos Auffassung von Beethovens Spätstil insbesondere auf den zweiten Satz der Sonate op. 111 an. Dabei läßt er seinen Kretzschmar das Kopfmotiv des »Arietta«-

79  TH. MANN, *Doktor Faustus*, 55.
80  TH. W. ADORNO, Spätstil Beethovens (1934/37), in: ders.: GS 17 (*Musikalische Schriften IV*), 15; überall seien in die Formsprache gerade auch der fünf letzten Klaviersonaten »Formeln und Wendungen der Konvention eingesprengt«, wie sie der mittlere Beethoven keinesfalls geduldet hätte. – Vgl. auch a.a.O., 13f.: »Das Formgesetz der Spätwerke ist aber jedenfalls von der Art, daß sie nicht im Begriff des Ausdrucks aufgehen.« Eine Analyse der Spätwerke habe sich »an einer Eigentümlichkeit zu orientieren, die von der landläufigen Auffassung geflissentlich übersehen wird: der Rolle der Konventionen«.

Themas, das Bonhoeffer im Brief zitiert, mit Worten der lyrischen Konvention skandieren wie:»Him-melsblau«,»Lie-besleid«,»Leb'-mir wohl«,»Der-maleinst« und (als Hinweis auf den Berater Adorno):»Wie-sengrund«.[81] Die»ungeheuren Wandlungen« dieser»sanften Aussage«, dieser»schwermütig stillen Formung« –»Adagio molto semplice e cantabile« ist der Satz überschrieben – im Verlauf des Variations-Prozesses werden von Kretzschmar dann mit Ausrufen kommentiert wie:»Die Trillerketten! […] Die Fiorituren und Kadenzen! Hören Sie die stehengelassene Konvention? Da – wird – die Sprache – nicht mehr von der Floskel – gereinigt, sondern die Floskel – vom Schein – ihrer subjektiven – Beherrschtheit – der Schein – der Kunst wird abgeworfen – zuletzt – wirft immer die Kunst – den Schein der Kunst ab […].«[82] Zum Schluß der Sonate schließlich bemerkt Kretzschmar, hier geschehe»etwas nach so viel Ingrimm, Persistenz, Versessenheit und Verstiegenheit in seiner Milde und Güte völlig Unerwartetes und Ergreifendes«: Das»vielerfahrene Motiv, das Abschied nimmt«, erleide»eine leichte Veränderung […], eine kleine melodische Erweiterung. Nach einem anlautenden c nimmt es vor dem d ein cis auf […],

---

81  TH. MANN, *Doktor Faustus,* 56.
82  TH. MANN, a.a.O., 57; auch dies wieder ein Echo auf Adornos Beethoven-Aufsatz. Vgl. TH. W. ADORNO, Spätstil, in: ders., GS 17, 15:»Sie sind voller schmückender Trillerketten, Kadenzen und Fiorituren; oftmals wird kahl, unverhüllt, unverwandelt die Konvention sichtbar […].« – Vgl. auch a.a.O., 16:»Die Gewalt der Subjektivität in den späten Kunstwerken ist die auffahrende Geste, mit welcher sie die Kunstwerke verläßt. Sie sprengt sie, nicht um sich auszudrücken, sondern um ausdruckslos den Schein der Kunst abzuwerfen […]. Darum die Konventionen, die von der Subjektivität nicht mehr durchdrungen und bewältigt, sondern stehen gelassen sind. Mit dem Ausbruch von Subjektivität splittern sie ab […]. So werden beim letzten Beethoven die Konventionen Ausdruck in der nackten Darstellung ihrer selbst. Dazu dient die oft bemerkte Verkürzung seines Stils: sie will die musikalische Sprache nicht sowohl von der Floskel reinigen als vielmehr die Floskel vom Schein ihrer subjektiven Beherrschtheit: die freigegebene, aus der Dynamik gelöste Floskel redet für sich.«

und dieses hinzukommende cis ist die rührendste, tröstlichste, wehmütig versöhnlichste Handlung von der Welt«[83]. Nach dieser »überwältigenden Vermenschlichung« zum Abschied, »nach dieser Trennung« sei »ein neues Anheben [...] unmöglich«. Mit diesem Schluß sei nicht nur diese eine Sonate, sondern die Gattung der Sonate »als überlieferte Kunstform [...] ans Ende geführt«.[84]

In seinem Beethoven-Aufsatz, den Thomas Manns Kretzschmar offenbar im Munde führt, hat sich Theodor W. Adorno gegen »die psychologische Deutung« von Beethovens Spätwerk gewandt, in der »angesichts der Würde menschlichen Todes« die Kunsttheorie »vor der Wirklichkeit abdanken« wolle.[85] Stattdessen will er die Kunstgebilde selber ins Auge fassen, um deren Formgesetz zu erkennen, wie es »gerade im Gedanken an den Tod offenbar« werde: »Wenn vor dessen Wirklichkeit das Recht von Kunst vergeht: dann vermag er gewiß nicht unmittelbar ins Kunstwerk einzugehen als dessen ›Gegenstand‹. Er ist einzig den Geschöpfen, nicht den Gebilden auferlegt und erscheint darum von je in aller Kunst gebrochen: als Allegorie.«[86]

Wenn Adorno also den Tod nicht als subjektive Todesahnung, sondern allenfalls als Allegorie im Kunstwerk gegenwärtig annimmt, dann

---

83   TH. MANN, Doktor Faustus, 57.
84   TH. MANN, a.a.O., 58.
85   TH. W. ADORNO, Spätstil, in: ders., GS 17, 13.
86   TH. W. ADORNO, a.a.O., 15. – Zur Unterscheidung zwischen »Geschöpf«
     und »Gebilde« vgl. W. BENJAMIN, Goethes Wahlverwandtschaften (1922),
     in: ders., GS I/1: Abhandlungen, 159: »In der Tat ist der Künstler weniger
     der Urgrund oder Schöpfer als der Ursprung oder Bildner und sicherlich
     sein Werk um keinen Preis sein Geschöpf, vielmehr ein Gebilde. Zwar hat
     auch das Gebilde Leben, nicht das Geschöpf allein. Aber was den bestim-
     menden Unterschied zwischen beiden begründet: nur das Leben des
     Geschöpfes, niemals das des Gebildeten hat Anteil, hemmungslosen Anteil
     an der Intention der Erlösung.« – Es dürfte sich in dieser Unterscheidung
     um eine Reminiszenz an den biblischen Sprachgebrauch handeln, der das
     »Schaffen« (hebr. bara) Gott selber vorbehält.

wendet er offensichtlich die Deutung der barocken Allegorie als Totenmaske der Geschichte, wie sie Walter Benjamin in seinem *Trauerspielbuch* von 1925 entwickelt hat,[87] auf Beethovens Spätwerk an. So wird »die profane Welt« nach Benjamin »in allegorischer Betrachtung sowohl im Rang erhoben wie entwertet«. Dem entspreche auf formaler Ebene die Dialektik von Konvention und Ausdruck: »Denn die Allegorie ist beides, Konvention und Ausdruck; und beide sind von Haus aus widerstreitend.«[88] So sei die Allegorie »nicht Konvention des Ausdrucks, sondern Ausdruck der Konvention«.[89]

---

87  Vgl. W. BENJAMIN, *Ursprung des deutschen Trauerspiels*, in: ders., GS I/1, 343: In der Allegorie liege »die facies hippocratica der Geschichte als erstarrte Urlandschaft dem Betrachter vor Augen. Die Geschichte in allem, was sie Unzeitiges, Leidvolles, Verfehltes von Beginn an hat, prägt sich in einem Antlitz – nein in einem Totenkopfe aus […]. Das ist der Kern der allegorischen Betrachtung, der barocken, weltlichen Exposition der Geschichte als Leidensgeschichte der Welt; bedeutend ist sie nur in den Stationen ihres Verfalls. Soviel Bedeutung, soviel Todverfallenheit, weil am tiefsten der Tod die zackige Demarkationslinie zwischen Physis und Bedeutung eingräbt. Ist aber die Natur von jeher todverfallen, so ist sie auch allegorisch von jeher.« – Übrigens hat bei der Arbeit an seinem »Faust«-Roman auch Thomas Mann Benjamins *Trauerspielbuch* konsultiert; vgl. TH. MANN, *Die Entstehung des Doktor Faustus*, 165.

88  W. BENJAMIN, *Ursprung*, a.a.O., 350f.:»Jede Person, jedwedes Ding, jedes Verhältnis kann ein beliebiges anderes bedeuten. Diese Möglichkeit spricht der profanen Welt ein vernichtendes doch gerechtes Urteil: sie wird gekennzeichnet als eine Welt, in der es aufs Detail so streng nicht ankommt. Doch wird […] ganz unverkennbar, daß jene Requisiten des Bedeutens alle mit eben ihrem Weisen auf ein anderes eine Mächtigkeit gewinnen, die den profanen Dingen inkommensurabel sie erscheinen läßt und sie in eine höhere Ebene hebt, ja heiligen kann. Demnach wird die profane Welt in allegorischer Betrachtung sowohl im Rang erhoben wie entwertet. Von dieser religiösen Dialektik des Gehalts ist die von Konvention und Ausdruck das formale Korrelat.«

89  W. BENJAMIN, a.a.O., 351:»Die Allegorie des XVII. Jahrhunderts ist nicht Konvention des Ausdrucks, sondern Ausdruck der Konvention. Ausdruck

Auf Beethovens Spätwerk angewandt bedeutet dies Verständnis der Allegorie als Totenmaske nach Adorno, daß die Subjektivität, indem sie »mit auffahrender Geste [...] die Kunstwerke verläßt«, von den Werken nur »Trümmer« zurückläßt und sich »nur vermöge der Hohlstellen« mitteilt, »aus welchen sie ausbricht«.[90] »Die Zäsuren aber, das jähe Abbrechen, das mehr als alles andere den letzten Beethoven bezeichnet, sind jene Augenblicke des Ausbruchs; das Werk schweigt, wenn es verlassen wird, und kehrt seine Höhlung nach außen. Dann erst fügt das nächste Bruchstück sich an, vom Befehl der ausbrechenden Subjektivität an seine Stelle gebannt und dem voraufgehenden auf Gedeih und Verderb verschworen; denn das Geheimnis ist zwischen ihnen, und anders läßt es sich nicht beschwören als in der Figur, die sie mitsammen bilden.«[91] Indem die ausbrechende Subjektivität die »Landschaft, verlassen jetzt und entfremdet«, mit ihrem Feuer überstrahle, reiße Beethovens Musik die Bruchstücke »in der Zeit auseinander, um vielleicht fürs Ewige sie zu bewahren«. In der Geschichte der Kunst seien »Spätwerke die Katastrophen«.[92]

---

der Autorität mithin, geheim der Würde ihres Ursprungs nach und öffentlich nach dem Bereiche ihrer Geltung.«

90    Th. W. Adorno, Spätstil, in: ders., GS 17, 16. – Zur Allegorie als »Trümmer« vgl. W. Benjamin, *Ursprung,* in: ders., GS I/1, 354: »Allegorien sind im Reiche der Gedanken was Ruinen im Reiche der Dinge. Daher denn der barocke Kultus der Ruine [...]. Was da in Trümmern abgeschlagen liegt, das hochbedeutende Fragment, das Bruchstück: es ist die edelste Materie der barocken Schöpfung.«

91    Th. W. Adorno, Spätstil, in: ders., GS 17, 17. – Zur barocken Häufung von »Bruchstücken« vgl. W. Benjamin, *Ursprung,* in: ders., GS I/1, 354: »Jenen Dichtungen ist es gemein, ohne strenge Vorstellung eines Ziels Bruchstücke ganz unausgesetzt zu häufen und in der unablässigen Erwartung eines Wunders Stereotypien für Steigerung zu nehmen. Als ein Wunder in diesem Sinne müssen die barocken Literaten das Kunstwerk genommen haben.«

92    Th. W. Adorno, Spätstil, in: ders., GS 17, 17. – Zum Zusammenhang von »Katastrophe« und Bewahrung »fürs Ewige« vgl. W. Benjamin, *Ursprung,* in: ders., GS I/1, 397: »Ist doch die Einsicht ins Vergängliche der Dinge und

Wenn Bonhoeffer im Zusammenhang mit seiner Erwähnung der »Musik des tauben Beethoven« feststellt, daß »die nur mit dem inneren Ohr gehörte Musik [...] gewissermaßen einen ›neuen Leib‹« gewinne, dann stellt er diese Musik wie die Osterchoräle des Gesangbuchs in den theologischen Kontext der Auferstehung der Fleisches: »Ostern? Unser Blick fällt mehr auf das Sterben als auf den Tod. Wie wir mit dem Sterben fertig werden, ist uns wichtiger, als wie wir den Tod besiegen. Sokrates überwand das Sterben, Christus überwand den Tod als ἔσχατος ἐχθρός (1. Kor 15,26). Mit dem Sterben fertig werden bedeutet noch nicht mit [dem] Tod fertig werden. Die Überwindung des Sterbens ist im Bereich menschlicher Möglichkeiten, die Überwindung des Todes heißt Auferstehung« (WE [DBW 8], 368).

Mit dem Gedanken an die Auferstehung führt Bonhoeffer ein Stichwort ein, das auffälligerweise in Walter Benjamins Untersuchung zur barocken Allegorie neben dem des Todes eine bedeutsame Rolle spielt. So steht gerade die Ruine nach Benjamin nicht nur für Vergänglichkeit, sondern zugleich für die Vision von etwas Neuem.[93] Und gerade in den nicht zuletzt durch die Greuel des Dreißigjährigen Krieges hervorgerufenen »Visionen des Vernichtungsrausches, in welchen

---

jene Sorge, sie ins Ewige zu retten, im Allegorischen eins der stärksten Motive [...]. Die Allegorie ist am bleibendsten dort angesiedelt, wo Vergänglichkeit und Ewigkeit am nächsten zusammenstoßen.«

93    Vgl. W. BENJAMIN, *Ursprung*, a.a.O., 354: Was die Antike dem Mittelalter an Trümmern hinterlassen habe, das seien für die barocken Literaten »Stück für Stück die Elemente, aus welchen sich das neue Ganze mischt. Nein: baut. Denn die vollendete Vision von diesem Neuen war: die Ruine«. Benjamin spricht im Zusammenhang mit »solch trümmerhaften Formen des geretteten Kunstwerks« sogar von »einer Neugeburt, in welcher alle ephemere Schönheit vollends dahinfällt und das Werk als Ruine sich behauptet« (a.a.O., 358). Es sei allerdings eine Verkennung des Allegorischen, wolle man »den Bilderschatz, in welchem dieser Umschwung in das Heil der Rettung sich vollzieht, von jenem düsteren, welcher Tod und Hölle meint [...], sondern« (a.a.O., 405).

alles Irdische zum Trümmerfeld zusammenstürzt«, sei eine Grenze der melancholischen Versenkung erreicht:»Die trostlose Verworrenheit der Schädelstätte [...] ist nicht allein das Sinnbild von der Öde aller Menschenexistenz. Vergänglichkeit ist in ihr nicht sowohl bedeutet, allegorisch dargestellt, denn, selbst bedeutend, dargeboten als Allegorie. Als die Allegorie der Auferstehung. Zuletzt springt in den Todesmalen des Barock – nun erst im rückwärtsgewandten größten Bogen und erlösend – die allegorische Betrachtung um. Die sieben Jahre ihrer Versenkung sind nur ein Tag.«[94] Das eben sei»das Wesen melancholischer Versenkung, daß ihre letzten Gegenstände, in denen des Verworfnen sie am völligsten sich zu versichern glaubt, in Allegorien umschlagen, daß sie das Nichts, in dem sie sich darstellen, erfüllen und verleugnen, so wie die Intention zuletzt im Anblick der Gebeine nicht treu verharrt, sondern zur Auferstehung treulos überspringt«.[95] Ganz ähnlich hat Bonhoeffer in dem Osterbrief aus dem Gefängnis, wo er auf Beethovens Klaviersonate op. 111 zu sprechen kommt, von der Auferstehung gedacht:»Nicht von der ars moriendi, sondern von der Auferstehung Christi her kann ein neuer reinigender Wind in die gegenwärtige Welt wehen« (WE [DBW 8], 368). Gerade im Angesicht des allgegenwärtigen Todes![96]

---

94  W. BENJAMIN, *Ursprung*, a.a.O., 405f.; mit der Vision der Auferstehung gehe der Allegorie schließlich alles das verloren,»was ihr als Eigenstes zugehörte: das geheime, privilegierte Wissen, die Willkürherrschaft im Bereich der toten Dinge, die vermeintliche Unendlichkeit der Hoffnungsleere. All das zerstiebt mit jenem *einen* Umschwung, in dem die allegorische Versenkung [...], gänzlich auf sich selbst gestellt, nicht mehr spielerisch in erdhafter Dingwelt, sondern ernsthaft unterm Himmel sich wiederfindet.«

95  W. BENJAMIN, a.a.O., 406.

96  Vgl. in diesem Zusammenhang das Lohenstein-Zitat bei W. BENJAMIN (ebd.):»Ja/ wenn der Höchste wird vom Kirch-Hof erndten ein/ so werd ich Todten-Kopff ein englisch Antlitz seyn« (Blumen).

Es scheint, als hätte Bonhoeffer mit seinem »inneren Ohr« in Beethovens letzter Klaviersonate zugleich durch die Gespräche Thomas Manns mit Theodor W. Adorno hindurch Walter Benjamins Untersuchung zum barocken Trauerspiel gehört. Damit wären seine österlichen Gedanken vom »neuen Leib« zugleich an die Überlegungen zur *Kunst der Fuge* zurückgebunden, deren Abbruch auf eine »höhere Vollendung« verweisen könnte, aber auch an die Überlegungen zu dem »O bone Jesu« von Heinrich Schütz, dessen musikalische Figuren den Gedanken der eschatologischen »Wiederbringung« aller Dinge darstellen wollten. Es deutet sich hier eine komplette Eschatologie an, formuliert in musikalischen »Begriffen«!

# 7. Cantus firmus und Kontrapunkt

Es bleibt noch eine letzte theologische Spekulation über Musik zu erörtern, die bereits in die Zeit nach dem offenen Einsatz von Bonhoeffers theologischem Thema in den Gefängnisbriefen fällt. Am 30. April 1944 hatte er an Eberhard Bethge geschrieben:»Was mich unablässig bewegt, ist die Frage, was das Christentum oder auch wer Christus heute für uns eigentlich ist« (WE [DBW 8], 402). Es folgten Überlegungen zur»religionslosen Zeit« und immer neue Fragen.[97] Daran fügte sich eine kurze Auseinandersetzung mit Karl Barths angeblichem»Offenbarungspositivismus«,[98] der wieder neue Fragen folgten:»Wie sprechen wir von Gott – ohne Religion, d. h. eben ohne die zeitbedingten Voraussetzungen der Metaphysik, der Innerlichkeit etc. etc.? Wie sprechen (oder vielleicht kann man eben nicht einmal mehr davon ›sprechen‹ wie bisher) wir ›weltlich‹ von ›Gott‹, wie sind wir ›religionslos-weltlich‹ Christen [...]? Was bedeutet in der Religionslosigkeit der Kultus und das Gebet? Bekommt hier die Arkandisziplin, bzw. die Unterscheidung [...] von Vorletztem und Letztem neue Wichtigkeit?« (a.a.O., 405f.) Auf eben diese christologisch motivierten Fragen kommt Bonhoeffer noch einmal im Brief vom 5. Mai 1944 und in seinen»Gedanken zum Tauftag von Dietrich Wilhelm Rüdiger Bethge« aus demselben Monat zu sprechen.[99] Und aus der

---

97  Vgl. WE (DBW 8), 404:»Wie kann Christus der Herr auch der Religionslosen werden? Gibt es religionslose Christen? Wenn die Religion nur ein Gewand des Christentums ist [...] – was ist dann ein religionsloses Christentum?«

98  Vgl. WE (DBW 8), 404f.: Karl Barth habe zwar»als einziger« in der Richtung auf die Religionslosigkeit hin»zu denken angefangen«, sei aber aufgrund seines»Offenbarungspositivismus« dann doch»im Wesentlichen« in der»Restauration« hängen geblieben.

99  In diesem»Taufbrief« faßt Bonhoeffer noch einmal viele Gedanken zusammen, auf die er auch im Zusammenhang mit seinen musikalischen Reflexionen in den vorangehenden Briefen schon gekommen ist, so die

Perspektive eben dieser Fragen fängt er am 20. Mai 1944 während eines Aufenthaltes von Eberhard Bethge in Berlin an, über die »Polyphonie in der Musik« zu spekulieren.

Es geht Bonhoeffer in diesem Brief um eine christologische Rehabilitierung der Leidenschaften, insbesondere auch der »erotischen Liebe«. Gegen die Durchhalte-Parolen von Bethges Major in Italien – »bis zum Letzten aushalten und fallen« (WE [DBW 8], 411) – verteidigt Bonhoeffer das Recht auf Leben: »Wenn man liebt, will man leben, vor allem leben und haßt alles, was eine Bedrohung des Lebens darstellt.« Zwar sei es »die Gefahr in aller starken erotischen Liebe, daß man über ihr – ich möchte sagen: die Polyphonie des Lebens verliert.« Aber gerade das musikalische Bild von der Polyphonie veranlaßt Bonhoeffer nun auch zu dem Umkehrschluß: »Gott und seine Ewigkeit will von ganzem Herzen geliebt sein, nicht so, daß darunter die irdische Liebe beeinträchtigt oder geschwächt würde, aber gewissermaßen als cantus firmus, zu dem die anderen Stimmen des Lebens als Kontrapunkt erklingen; eines dieser kontrapunktischen Themen, die ihre *volle Selbständigkeit* haben, aber doch auf den cantus firmus bezogen sind, ist die irdische Liebe [...]« (a.a.O., 440f.).

Dieses »Fündlein« von der »Polyphonie des Lebens« beschäftigt Bonhoeffer in den folgenden Tagen noch in bezug auf ganz andere menschliche Regungen. So heißt es bereits einen Tag darauf, am Tauftag des Großneffen, in einem Brief an Eberhard Bethge: »Das Bild der Polyphonie verfolgt mich immer noch. Als ich heute etwas Schmerz darüber empfand, nicht bei Euch zu sein, mußte ich denken, daß auch Schmerz und Freude zur Polyphonie des ganzen Lebens gehören und selbständig nebeneinander bestehen können« (WE [DBW 8], 444).

---

»versunkene Welt« des Dorfpfarrhauses und der städtischen Kultur bürgerlicher Tradition, die Rückkehr des Vergangenen (WE [DBW 8], 428f.), aber auch die Fragmentierung des Lebens »unserer Generation« (a.a.O., 432f.). All dies ist zugleich mit biblischen Anspielungen und Zitaten, insbesondere aus der Hebräischen Bibel, versetzt.

Und noch einmal, acht Tage später, heißt es vom Christentum, das uns »in viele verschiedene Dimensionen des Lebens zu gleicher Zeit« hineinstelle:»Wir beherbergen gewissermaßen Gott und die ganze Welt in uns. Wir weinen mit den Weinenden und freuen uns zugleich mit den Fröhlichen; wir bangen –(– ich wurde gerade wieder vom Alarm unterbrochen und sitze jetzt im Freien und genieße die Sonne –) um unser Leben, aber wir müssen doch zugleich Gedanken denken, die uns viel wichtiger sind als unser Leben [...]. Das Leben wird nicht in eine einzige Dimension zurückgedrängt, sondern es bleibt mehrdimensional, polyphon. Welch' eine Befreiung ist es, *denken* zu können und in Gedanken die Mehrdimensionalität aufrechtzuerhalten« (a.a.O., 453). Diese Mehrdimensionalität bzw. Polyphonie, die ein »Pfingsten trotz Alarmen« ermöglichen soll (a.a.O., 454), hat in dem anderen Brief, wo es um die »volle Selbständigkeit« der erotischen Liebe neben dem cantus firmus der Liebe zu »Gott und seiner Ewigkeit« ging, eine biblische Begründung erfahren:»[...] auch in der Bibel steht ja das Hohe Lied und es ist wirklich keine heißere, sinnlichere, glühendere Liebe denkbar als die, von der dort gesprochen wird (cf. 7,6)[100]; es ist wirklich gut, daß es in der Bibel steht, all denen gegenüber, die das Christliche in der Temperierung der Leidenschaften sehen (wo gibt es solche Temperierung überhaupt im Alten Testament?)« (WE [DBW 8], 441).[101]

Bonhoeffer wehrt sich also gegen die traditionelle allegorische Auslegung dieses Liebesgedichts aus der Hebräischen Bibel, die »christomonistisch« wie überall so auch hier immer nur das *eine* Thema: Christus und die Kirche, die Kirche und Christus hören will. Dagegen setzt er jedoch nicht eine abstrakt-»säkulare« Interpretation, die die Welt unter Absehung von Christus sich selbst überlassen würde, son-

---

100   Der Vers lautet in der Luther-Übersetzung (1545):»WJE schön vnd wie lieblich bistu / du Liebe in wollüsten.«
101   Zur Erotik des Hohenliedes vgl. auch H. GOLLWITZER, *Das hohe Lied der Liebe,* München 1978.

dern eine provokative christologische Interpretation, die zugleich eine »echte Weltlichkeit« ermöglicht, indem sie nämlich alle kontrapunktischen Themen auf den einen cantus firmus bezieht, sie von Christus her und auf ihn hin konzipiert, um ihnen gerade so ihre »volle Selbständigkeit« zu geben: »Wo der cantus firmus klar und deutlich ist, kann sich der Kontrapunkt so gewaltig entfalten wie nur möglich. Beide sind ›ungetrennt und doch geschieden‹, um mit dem Chalcedonense zu reden, wie in Christus eine göttliche und seine menschliche Natur« (WE [DBW 8], 441). So ist in Bonhoeffers Verständnis die Erotik gerade in ihrer Selbständigkeit kontrapunktisch an das Thema der Liebe zu Gott zurückgebunden, – in Christus. Ausdrücklich schreibt er Anfang Juni 1944 an Eberhard Bethge: »Über das Hohe Lied schreibe ich Dir nach Italien. Ich möchte es tatsächlich als irdisches Liebeslied lesen. Das ist wahrscheinlich die beste ›christologische‹ Auslegung« (a.a.O., 460); christologische Auslegung aber als lebendiger Ausdruck der im neueren Protestantismus als »kahl«[102] verschrienen vier negativen Bestimmungen des chalcedonensischen Christusbekenntnisses. Ihre unerhörte Lebendigkeit erhalten diese Formeln bei Bonhoeffer aber gerade durch den musikalischen Vergleich: »Ist nicht vielleicht die Polyphonie in der Musik uns darum so nah und wichtig, weil sie das musikalische Abbild dieser christologischen Tatsache und daher auch unserer vita christiana ist?« (a.a.O., 441)[103]

---

102  Vgl. die Charakterisierung des Chalcedonense bei A. VON HARNACK, *Lehrbuch der Dogmengeschichte,* Bd.1, Tübingen (5. Aufl.) 1931, 397: »Die kahlen, negativen vier Bestimmungen ($\dot{\alpha}\sigma\nu\gamma\chi\dot{\nu}\tau\omega\varsigma$ etc.), mit denen Alles gesagt sein soll, sind nach dem Empfinden der klassischen Theologen der Griechen im tiefsten irreligiös. Sie entbehren des warmen, concreten Gehaltes […], eine Theologie, die sich in der für sie wichtigsten Frage auf blosse Negationen zurückzieht, verurtheilt sich selbst.«

103  Tom Day hält gerade dieses »Fündlein« Bonhoeffers (WE [DBW 8], 445) für eine »gangbare Alternative zum Bild der zwei Reiche«, wie es in der lutherischen Tradition Schule machte und auch in Bonhoeffers Konzeption vom »Letzten und Vorletzten« noch durchscheine, indem es nur von der

Das ist nun freilich Spekulation, aber nicht unbedingt Willkür. Man mag sich hier an Wilhelm Diltheys Ausführungen über die musikalische Polyphonie in dem posthum veröffentlichtem Buch *Von deutscher Dichtung und Musik* (1933) erinnern, das sich Bonhoeffer ins Gefängnis hatte kommen lassen. Danach »besteht zwischen der Polyphonie der christlichen Kirchenmusik und dem Gemütszustand, dessen Ausdruck sie ist, eine innere notwendige Beziehung. Das christlich-religiöse Bewußtsein« erhebe »das Gottesgefühl zu einem mystischen Erleben des Unendlichen«. Diese Unendlichkeit gebe »allen Bestandteilen des christlichen Bewußtsein, dem Bedürfnis nach Erlösung, dem Leiden an der Endlichkeit, der Vertiefung in Jesus und das Schauspiel seines Leidens, der frohen Zuversicht der Erlösung ihren Charakter«. Alle diese »Zustände« existierten »in ihrer Relation zum Menschen«. Sie seien »gleichsam tingiert, gesättigt, erfüllt vom unendlichen Erlebnis. Der Ausdruck hiervon ist die Polyphonie.«[104] Polyphonie als Ausdruck des religiösen Bewußtseins und des menschlichen Erlösungsbedürfnisses – hier scheint die Theologie Schleiermachers durch, von der sich Bonhoeffer mit der Dialektischen Theologie religionskri-

---

räumlichen in die zeitliche Dimension projiziert worden sei. In der Polyphonie hingegen gilt: »Punkt und Kontrapunkt sind gleichzeitig, erfahrbar in jedem Moment« (T. I. DAY, *Conviviality and Common Sense,* New York 1975, 424; übers. v. AP).

104   W. DILTHEY, *Von deutscher Dichtung und Musik,* Leipzig/Berlin 1933, 197f. Die »germanische« Konsequenz aus solch mystischem Halbdunkel hat wiederum R. BENZ (*Die Stunde der deutschen Musik*) gezogen, wenn er vom Choral als »protestantischem Volksmythus« schwafelt, der von Bach zunächst »in das Denkgebäude der Contrapunctik« gestellt worden sei, bis in Bach der »zeitlose Mystiker« sich »über dem Scholastiker« erhoben habe, um »in freier Schöpfung im christlich-Bedingten das Ewige« zu deuten (83). Christus sei in den Bachschen Passionen dann »nicht mehr der fremde geglaubte Heiland aus Orient, dessen Leiden und Weltverneinung uns sonst erschreckt; sondern der geistige Mensch, der sein Irdisches opfert, damit sein Ewiges bestehe« (64f.).

tisch absetzte, indem er fragte:»Wie kann Christus der Herr auch der Religionslosen werden?« (WE [DBW 8], 404) Aber auch für den Christen galt nach Bonhoeffer: Er»hat nicht wie die Gläubigen der Erlösungsmythen aus den irdischen Aufgaben und Schwierigkeiten immer noch eine letzte Ausflucht ins Ewige, sondern er muß das irdische Leben wie Christus […] ganz auskosten und nur indem er das tut, ist der Gekreuzigte und Auferstandene bei ihm und ist er mit Christus gekreuzigt und auferstanden« (WE [DBW 8], 500f.). Verglichen mit Diltheys»romantischer« Schwärmerei fallen Bonhoeffers spekulative Erwägungen zur musikalischen Polyphonie als Abbild einer»christologischen Tatsache« durch ihre Nüchternheit auf. Bonhoeffer bewegt sich hier in den Bahnen scholastischer Spekulation über Musik, die letztlich auf die pythagoreische Lehre von der»Sphärenharmonie« zurückgeht. In dieser Tradition gilt alle irdische Musik als ein Abbild der himmlischen. So hat etwa Caesar Capranica»im Jahre 1591 zu Rom« folgende»Eintheilung der Musik« vorgetragen:»Die Musik ist entweder unerschaffen und göttlich, oder erschaffen. Von jener bekennen wir, daß sie dem menschlichen Verstande unbegreiflich ist, und in der lautersten Einigkeit der göttlichen Natur und der vollkommensten Dreyeinigkeit der göttlichen Personen besteht. Sie kann durch keinen wörtlichen Begrif erkläret und auch durch das tiefste Nachdenken des Gemüths nicht ergründet werden. Die erschaffene Musik aber, von welcher wir hier reden, theilen wir erstlich in die betrachtende und ausübende oder in die anschauende und würkende ein […].«[105] Diese noch in der protestantischen Orthodoxie vertretene Auffassung wird aber von Bonhoeffer christologisch konzentriert und speziell auf die musikalische Polyphonie angewandt. Danach ist dann kontrapunktische Musik wie die»Polyphonie des Lebens« überhaupt Abbild der»christologischen Tatsache«, daß in

---

105  Zit. nach: J. Ph. Kirnberger, *Die Kunst des reinen Satzes in der Musik aus sicheren Grundsätzen hergeleitet und mit deutlichen Beispielen erläutert*, Berlin und Königsberg 1776–1779, Zweyter Theil, Dritte Abtheilung, 176.

Christus Gott und Mensch »ungetrennt und doch geschieden« miteinander kommunizieren.[106] Indem Bonhoeffer die Polyphonie derart theologisch interpretiert, verflüssigt er zugleich die dogmatischen Formeln des Chalcedonense in quasi-musikalische Bewegungen: Im Umkehrschluß läßt seine theologische Spekulation über Musik analoge musikalische Aussagen über Theologie zu, die ein Licht auf seine Frage werfen können, »wer Christus heute für uns eigentlich ist«. So hat er schon in der »Christologie«-Vorlesung von 1933 in den paradoxen, »kontradiktorisch einander gegenüberstehenden Aussagen im Chalcedonense« die entscheidende Überwindung der »Denkformen der Dinglichkeit« in der Christologie (DBW 12: Berlin 1932–1933, hg. v. C. Nicolaisen u. a., Gütersloh 1997, 339) sehen wollen: Es bleiben lauter Negationen zurück. Keine »positive Denkbestimmung« bleibt mehr übrig zu sagen, was im Gott-Menschen Jesus Christus geschieht. »Damit ist die Sache selbst als Mysterium zurückgelassen« und muß als solches verstanden werden. Der »Zutritt« ist allein »im Glauben« möglich. Alle

---

106 Wie sich die Christologie der lutherischen Orthodoxie bei Bach in der kompositorischen Struktur eines einzelnen Stückes niederschlagen konnte, hat U. SIEGELE gezeigt (*Bachs theologischer Formbegriff und das Duett F-Dur. Ein Vortrag,* Neuhausen-Stuttgart 1978, 24): »Wir sehen: zwei unterschiedliche musikalische Charaktere – zwei unterschiedliche Naturen; die zwei unterschiedlichen musikalischen Charaktere vereinigt in dem einen, ungeteilten kontrapunktischen Satz – die zwei unterschiedlichen Naturen vereinigt in der einen, ungeteilten Person Christi; das Thema, das nach oben weist, und der Kontrapunkt, der nach unten weist – die göttliche Natur und die menschliche Natur; das Thema, das von Anfang an da ist, und der Kontrapunkt, der in der Zeit des Stücks, nämlich hier im Mittelteil aufgenommen ist – die göttliche Natur, die von Ewigkeit ist, und die menschliche Natur, die in der Zeit angenommen ist; die Figur der zwei musikalischen Charaktere und ihrer kontrapunktischen Vereinigung in einem kontrapunktischen Satz – die Lehre von den zwei Naturen und ihrer personalen Vereinigung in der einen Person Christi.«

»Denkformen« sind abgebrochen (a.a.O., 327). Ähnlich hat sich Bonhoeffer wieder in einem Rundbrief zu Weihnachten 1939 über die »höchste Paradoxie« der chalcedonensischen Zwei-Naturen-Lehre geäußert: »Selten ist später die Vernunft so bereit gewesen, sich vor dem Wunder Gottes zu demütigen und aufzugeben, wie in diesen Worten.

Selten ist aber darum auch die Vernunft zu einem besseren Werkzeug der Verherrlichung der göttlichen Offenbarung gemacht worden wie damals«, in »ehrfürchtiger Wahrung des Geheimnisses der Person des Mittlers« (DBW 15: *Illegale Theologenausbildung: Sammelvikariate 1937–1940*, hg. v. D. Schulz, Gütersloh 1998, 542).

»Verherrlichung« des christologischen Geheimnisses bleibt auch noch im Gefängnis das treibende Motiv von Bonhoeffers theologischem Denken. Dabei geht es ihm jetzt aber nicht mehr um Unterwerfung der Vernunft – auch wenn die Freiheit der Gedanken durch ihre Bindung an die Verantwortung vor der Willkür geschützt bleibt[107] –, sondern um quasi-musikalische Verflüssigung, Auflösung der dogmatischen Struktur mithilfe einer zur »Mündigkeit« befreiten Vernunft: Polyphonie in der Musik als Lobpreis, zugleich aber auch als Abbild der »christologischen Tatsache«, daß in Christus Gott und Mensch miteinander kommunizieren. So erweist sich der auferstandene Gekreuzigte, indem er die Christen in die Solidarität des »Lebens auf der Erde« hineinruft, als »der Mensch für andere«, der »Herr auch der Religionslosen« sein will.

Von hier aus fällt Licht auch auf die von Karl Barth als »änigmatisch« bezeichneten Passagen der Gefängnisbriefe,[108] in denen Bon-

---

107 Vgl. den »Taufbrief« vom Mai 1944 (WE [DBW 8], 433): »Ihr werdet nur denken, was ihr handelnd zu verantworten habt.« Mit dem Gedicht »Stationen auf dem Weg zur Freiheit« (WE [DBW 8], 570ff.) könnte man auch sagen: Auch im Denken gilt, daß »Zucht« die erste Station auf dem »Weg zur Freiheit« ist.

108 Vgl. K. BARTH, Brief an P. W. Herrenbrück, 21. 12. 1952, in: *Die Mündige Welt (I)*, 121: »Nun hat er uns mit den änigmatischen Äußerungen seiner

hoeffer mit der »Arkandisziplin« eine Antwort auf seine Frage sucht, »wer Christus heute für uns eigentlich ist« (WE [DBW 8], 402–406).

Dem Arkanum der Person Christi entspricht in kontrapunktischer Musik der cantus firmus, in der »Polyphonie des Lebens« die thematische Liebe zu Gott und seiner Ewigkeit. Dieses Arkanum kann aber nach Bonhoeffer in der unerlösten Welt nicht rein verherrlicht werden; hier gilt vielmehr: »Nur wer für die Juden schreit, darf auch gregorianisch singen.«[109] Möglicherweise sah Bonhoeffer auch in Barths gewaltigem dogmatischem Unternehmen die Gefahr theologischer »Gregorianik«, einer Erhebung des Denkens zu Gott unter Absehung von irdischem Leiden und menschlichen Leidenschaften.[110] Dann aber erhielte auch Bonhoeffers Bewunderung der Barthschen »hilaritas« einen dunklen Unterton, wenn er sie »als Zuversicht zum eigenen Werk, als Kühnheit und Herausforderung der Welt und des vulgären Urteils, als feste Gewißheit, der Welt mit dem eigenen Werk, auch wenn es ihr nicht gefällt, etwas *Gutes* zu erweisen, als hochgemute Selbstgewißheit« (WE [DBW 8], 352) beschreibt. Woher eigentlich

---

Briefe allein gelassen – nach mehr als einer Stelle eigentlich deutlich verratend, daß er zwar ahnte, aber doch noch keineswegs wußte, wie die story nun eigentlich weitergehen solle […].«

109   Zur Datierung dieses mündlich überlieferten Satzes (wahrscheinlich Ende 1935) vgl. E. BETHGE, Dietrich Bonhoeffer und die Juden, in: *Konsequenzen. Dietrich Bonhoeffers Kirchenverständnis heute,* hg. v. E. Feil u. I. Tödt, München 1980 (IBF 3), 195f.

110   Zur »Gregorianik« der Barthschen Theologie vgl. dessen Kampfschrift *Theologische Existenz heute!* vom Juni 1933, in der die berühmte Parole »Theologie und nur Theologie« treiben – »als wäre nichts geschehen«, dem »Horengesang« der Benediktiner von Maria Laach abgelauscht erscheint (K. BARTH, *Theologische Existenz heute!* Beiheft Nr. 2 von *Zwischen den Zeiten,* München 1933, 3). D. SCHELLONG hat gar die Frage gestellt, ob nicht Barths Œuvre letztlich für die Engel geschrieben sei, – in der Hoffnung, daß sie »es besser machen können in ihrem Gottesdienst« (*Bürgertum und christliche Religion. Anpassungsprobleme der Theologie seit Schleiermacher* [1975], München [2. Aufl.] 1984, 114).

diese Selbstgewißheit eines kirchlichen Dogmatikers angesichts des schuldhaften Versagens der Kirche? Der mißverständliche Vorwurf des »Offenbarungspositivismus« gegen Barth im Zusammenhang von Bonhoeffers »Theologie der mündigen Ohnmacht« (E. Bethge) der Gefängnisbriefe könnte jedenfalls vor diesem Hintergrund als die Schattenseite der gleichzeitig an Barth bewunderten »hilaritas« gelten. Um der Gefahr eines solchen »Offenbarungspositivismus« zu entgehen, will Bonhoeffer eine »Arkandisziplin« praktizieren, eine Verherrlichung des Geheimnisses der Person Christi, sei es in Gebet und Gottesdienst, sei es in theologischer Arbeit, der nach außen die verantwortliche Tat entspricht. So könnte der cantus firmus der Gottesliebe in den vielfältigen Kontrapunkten des irdischen Lebens aus dem Arkanum heraustreten: »im Tun des Gerechten unter den Menschen« und, wenn es sein muß, im »Warten« auf »Gottes Zeit«, wie es im »Taufbrief« heißt (WE [DBW 8], 435f.), aber auch in den menschlichen Leiden und Leidenschaften, nicht zuletzt in der »irdischen Liebe«.

Die von Bonhoeffer erwogene Analogie zwischen chalcedonensischer Christologie und kontrapunktischer Musik könnte es schließlich nahelegen, eine »heimliche Affinität zwischen dem Worte Gottes und der Musik« anzunehmen, wie sie nach Oskar Söhngen den »Kern von Luthers Musiktheologie« ausmacht.[111] Auch Bonhoeffer konnte ja durchaus von »Affinitäten« wie etwa der zwischen dem Sozialismus und der »christlichen Gemeindeidee« reden (SC [DBW 1], 293, Anm. 411). Die heimliche »Affinität« zwischen Gotteswort und Menschenmusik könnte aber, wenn wir Bonhoeffer recht verstehen, keinesfalls auf einer »wurzelhaften Einheit von Theologie und Musik« beruhen, wonach von Hause aus »*alle* Musik gottbezogen und darum geistlich« wäre.[112] Gegen solche Sakralisierung der relativen Eigengesetzlichkeit

---

111   Vgl. O. Söhngen, *Theologie der Musik,* Kassel 1967, 260.
112   O. Söhngen, a.a.O., 81 u. 290.

von Musik und weltlicher Ordnung überhaupt hat Bonhoeffer die Einheit der beiden »Reiche« polemisch, d. h. als widerspruchsvolle Einheit aufgefaßt. Das bedeutet auch für die Musik, daß sie nicht von der Schöpfung her, sondern von der Herrschaft Christi her verstanden werden muß.

Dabei ist zu beachten, daß es sich in den irdisch-menschlichen Kontrapunkten nicht etwa um bloße Variationen des cantus firmus der Liebe zu Gott handelt. Die Welt soll nicht vergöttlicht werden; vielmehr geht es um wirkliche Kontrapunkte, Gegensätze und Widersprüche, »die ihre *volle Selbständigkeit* haben«. – »Bei wirklich gutem Kontrapunkt achte man gar nicht auf die Harmonie«, hat Arnold Schönberg einmal gesagt.[113] Dieser Satz läßt sich auf Bonhoeffers Rede von »cantus firmus« und »Kontrapunkt« anwenden: Es soll keine falsche Harmonie zwischen dem Göttlichen und dem Menschlichen vorgespiegelt werden, vielmehr sollen die menschlichen Leidenschaften, die irdischen Kämpfe um Gerechtigkeit selbständig neben dem Thema der Liebe zu Gott, der Verherrlichung der Person Christi einhergehen. Und gerade in ihrer Selbständigkeit bleiben sie als Kontrapunkte auf den arkanen cantus firmus bezogen. Die dabei möglicherweise auftretenden Dissonanzen machen gerade den Reiz »der Musik« aus.[114] Adorno jedenfalls hat in der »Simultaneität *selbständi-*

---

113  Zitiert nach TH. W. ADORNO (Die Funktion des Kontrapunkts in der neuen Musik, in: ders., GS 16, 157), der diesen Satz kommentiert: »Schönberg hatte dabei fraglos ebenso Bach im Auge wie das eigene Verfahren.«

114  Vgl. hierzu schon D. BONHOEFFERS frühe Auseinandersetzung mit K. Barths »romantischer« Vermischung von Gottes- und Nächstenliebe im *Römerbrief* (2. Aufl.): »Nun aber soll es das Wesen der Nächstenliebe sein, ›in dem anderen die Stimme des Einen zu hören‹.« Demgegenüber beharrt Bonhoeffer darauf, »daß die Liebe wirklich den anderen liebt, nicht den Einen im anderen […], daß gerade diese Liebe zum anderen als dem anderen ›Gott verherrlichen‹ soll«. Und er fährt fort: »Woher nimmt Barth das Recht zu sagen, der andere sei ›an sich unendlich gleichgültig‹, wenn Gott befiehlt, gerade ihn zu lieben. Gott hat den ›Nächsten an sich‹ unendlich

*ger* Stimmen« das Wesen des guten Kontrapunkts ausmachen wollen. »Vergißt er das, wird er zum schlechten Kontrapunkt.«[115] Demnach könnte aber gerade die emanzipierte, weltliche Musik in ihrer fortgeschrittensten kontrapunktischen Differenzierung[116] am ehesten als heimlicher Hinweis auf das Geheimnis der Person Christi dienen. Gerade indem sie den »Spielraum der Freiheit«, der den Bereich des Gehorsams gegenüber dem Gebot Christi umgibt, ganz ausfüllt, erkennt Musik die Herrschaft Christi über die mündige Welt an. Der beste Zeuge für solche »echte Weltlichkeit« in der Musik wäre nach Bonhoeffer Johann Sebastian Bach, der »Genius des Eingedenkens« (Th. W. Adorno) – nicht nur als der »Thomaskantor«, worauf ihn das konservative Luthertum am liebsten festlegen würde, sondern gerade auch als der »weltliche« Komponist spekulativer Spätwerke wie der *Kunst der Fuge*.[117] Sie verweist ja nicht erst durch den als Schluß überlieferten Choral »Vor deinen Thron tret ich hiermit«, sondern bereits als kontrapunktisches Fragment auf den, zu dessen alleiniger Ehre Bach all seine Werke geschrieben haben will. Ihre poli-

---

wichtig gemacht und ein anderes ›an sich des Nächsten‹ gibt es für uns nicht […]. Wo freilich nur der eine im anderen geliebt wird, da kann es keine communio geben, da läuft letztlich die Gefahr der Romantik unter« (SC [DBW 1], 110f., Anm. 28).

115   Th. W. Adorno, *Philosophie der neuen Musik,* GS 12, 56 (Hervorhebung AP). »Drastische Beispiele« seien »die ›zu guten‹ spätromantischen Kontrapunkte«.

116   Vgl. Th. W. Adorno, a.a.O., 60: »Polyphonie ist das angemessene Mittel zur Organisation der emanzipierten Musik.«

117   Th. W. Adorno, Bach gegen seine Liebhaber verteidigt, in: ders., GS 10/1, 142. – Vgl. auch a.a.O., 138f.: »Bach wird von der ohnmächtigen Sehnsucht zu eben dem Kirchenkomponisten degradiert, gegen dessen Amt seine Musik sich sträubte und das er nur unter Konflikten erfüllte […]. Die Reaktion, ihrer politischen Helden beraubt, bemächtigt sich vollends dessen, den sie längst unter dem schmachvollen Namen des Thomaskantors beschlagnahmt hatte.«

tische Bedeutung als Widerstand gegen den sich durchsetzenden Warencharakter von Musik und als Demonstration gegen die fortschreitende gesellschaftliche Gleichschaltung leuchtet wieder auf in Bonhoeffers Beteiligung an der Verschwörung, im Widerstand gegen die NS-Diktatur.

# Anhang

## *1) Nachbemerkung: Nach zehn Jahren*

Die hier vorgelegte Untersuchung wurde in ihrer ursprünglichen Form 1984 Eberhard Bethge zu seinem 75. Geburtstag gewidmet. Sie stieß bei ihm auf dankbare Zustimmung, fand damals jedoch keinen Verleger. Vielleicht schien die Themenstellung – »Bonhoeffers theologische Spekulation über Musik« – manch einem zu abseitig.

Seither bin ich jedoch immer wieder von verschiedenen Seiten nach dem Manuskript gefragt worden, das in mancher Hinsicht ein bezeichnendes Licht auch auf Bonhoeffers »Theologie der mündigen Ohnmacht« werfen könnte. Zudem mußte ich feststellen, daß manche Ungenauigkeiten in der Sekundärliteratur hätten vermieden werden können, wäre das hier zugrundeliegende Manuskript den Autoren bekannt gewesen.

So habe ich mich »nach zehn Jahren« – nunmehr aus Anlaß von Eberhard Bethges 85. Geburtstag – entschlossen, das Manuskript leicht zu überarbeiten und in neuer Fassung zu veröffentlichen. Die Überarbeitung hat sich dabei im wesentlichen auf sprachliche Verbesserungen und kleinere inhaltliche Präzisierungen beschränkt. Die Grundzüge der Darstellung blieben erhalten, auch wo ich selbst nicht mehr ganz meiner Meinung bin. Von einer Berücksichtigung der in den vergangenen 10 Jahren erschienenen Literatur wurde weitgehend abgesehen. Die Zitate, insbesondere solche aus Bonhoeffers Schriften, wurden jedoch auf die neuesten Ausgaben – also die bisher erschienenen Bände der »Dietrich Bonhoeffer Werke« – umgestellt.

So sei der Jubilar, der selbst eine erstaunliche »Polyphonie des Lebens« verkörpert, mit diesen Anmerkungen zu Bonhoeffers »Theologie der Musik«, an deren Entwicklung er selbst wesentliche Anteile hatte, herzlich gegrüßt.

Berlin-Wilmersdorf, 1994

## 2) Zur verbesserten zweiten Auflage

Die Verbesserungen der Neuauflage beschränken sich im wesentlichen auf die Korrektur von offenkundigen Fehlern in der 1. Auflage. Im übrigen wurden die Bonhoeffer-Zitate der inzwischen vollständigen Ausgabe der »Dietrich Bonhoeffer Werke« (DBW) angepaßt. Da die Notenzitate in der Neuausgabe von *Widerstand und Ergebung* weder mit der Schreibweise der Originalkompositionen noch mit Bonhoeffers eigener, sehr flüchtiger und z. T. fehlerhafter handschriftlicher Notation aus der Erinnerung übereinstimmen, wurden sie – um das Wiedererkennen zu erleichtern – stillschweigend der Originalnotation in den zitierten Notenausgaben angeglichen.

Aachen, 2000

## 3) Nachbemerkung zur dritten Auflage

Mit dieser Neuauflage der *Polyphonie des Lebens* wird ein Text dem Publikum wieder zugänglich gemacht, dessen Entstehung inzwischen schon bald vierzig Jahre zurückliegt und der erstmals vor mehr als einem Vierteljahrhundert veröffentlicht wurde.

Zu den Grundlinien der Darstellung von Dietrich Bonhoeffers »Theologie der Musik« anhand der musikalischen Assoziationen in seinen Briefen und Aufzeichnungen aus der Haft (*Widerstand und Ergebung*) stehe ich nach wie vor. Es wäre aber überraschend, wenn der Autor nach so langer Zeit nicht auch Mängel eines früheren Textes erkennen würde. In diesem Sinn sei hier selbstkritisch auf eine Lücke hingewiesen: In einer umfassenden Darstellung von Bonhoeffers »Theologie der Musik« müssten auch seine Erfahrungen mit dem »schwarzen« Amerika zur Zeit der Harlem Renaissance während des Studienjahrs in New York (1930/31) berücksichtigt werden. Dort entdeckte er – neben der leidenschaftlichen Predigt des »black Christ« – die »Spirituals« mit ihrer »Mischung von gehaltener Schwermut und ausbrechendem Jubel« für sich (DBW 10, 274f.). Da aber die Welt der »Spirituals« in *Widerstand und Ergebung* keine Rolle spielt, blieb dieser Aspekt von Bonhoeffers musikalischer Erfahrung im vorliegenden Text, der sich auf die Gefängnisbriefe konzentriert, unberücksichtigt. In dem Kapitel über Bonhoeffers musikalische Biographie hätte er jedoch Erwähnung finden sollen (vgl. E. Bethge, DB, 186, 259 u. 490). Den Anstoß für die hier vorgelegte Neuauflage hat eine Anfrage von John W. de Gruchy aus Südafrika gegeben, der vor ein paar Jahren anregte, die *Polyphonie des Lebens* der internationalen Bonhoeffer-Forschung in einer englischen Version zugänglich zu machen. Das Ergebnis konnte im Januar 2020 aus Anlass des XIII. Internationalen Bonhoeffer-Kongresses in Stellenbosch (Südafrika) dem interessierten Publikum vorgestellt werden: *The Polyphony of Life: Bonhoeffer's Theology of Music*, edited by John W. de Gruchy & John Morris, translated by Robert Steiner, Eugene (OR): Cascade Books, Wipf & Stock Publishers, 2019.

Spätestens mit Veröffentlichung der englischen Version schien mir der Zeitpunkt gekommen, auch das deutsche Original der *Polyphonie des Lebens* wieder zugänglich zu machen. Denn im Lauf der Jahre hatten mich immer wieder Anfragen nach Restexemplaren des schmalen Bandes erreicht, die ich leider nicht befriedigen konnte, während im Internet Mondpreise für das vergriffene Werk verlangt wurden. Um so dankbarer bin ich Sebastian Weigert dafür, dass er durch seinen Einsatz diese Neuauflage beim Kohlhammer-Verlag ermöglicht hat.

Während für die englische Version umfangreiche Änderungen und stilistische Glättungen vorgenommen werden mussten, um den Text im Englischen lesbar zu machen, unterscheidet sich die dritte deutsche Auflage – abgesehen von der Paginierung und dieser kurzen Nachbemerkung – nur in kleinen Details (wie z. B. der Korrektur offensichtlicher Schreibfehler) von der überarbeiteten zweiten Auflage, die im Jahr 2000 aus Anlass des VIII. Internationalen Bonhoeffer-Kongresses in Berlin erschienen war. Das bedeutet, dass auch mein früherer »gelehrter« Stil, die Überfülle an Anmerkungen in den Fußnoten und die klassische Rechtschreibung beibehalten wurden. Die geneigten Leserinnen und Leser bitte ich für die damit verbundene Unbequemlichkeit um Nachsicht.

Bonn, im Juni 2020

# Literaturverzeichnis

## 1. Dietrich Bonhoeffer

*Sanctorum Communio. Eine dogmatische Untersuchung zur Soziologie der Kirche* (1927/30), hg. v. J. v. Soosten, München 1986 (Dietrich Bonhoeffer Werke, Bd. 1 (= SC [DBW 1]).

*Nachfolge* (1937), hg. v. M. Kuske u. I. Tödt, München 1989 (= N [DBW 4]).

*Gemeinsames Leben* (1939). *Das Gebetbuch der Bibel* (1940), hg. v. G. L. Müller u. A. Schönherr, München 1978 (= DBW 5).

*Ethik,* hg. v. I. Tödt u.a., München 1992 (= E [DBW 6]).

Oculi (Predigt über Röm 11,6); 11. 3. 1928, in: *Barcelona, Berlin, Amerika 1928–1931,* hg. v. R. Staats u. a., München 1991 (= DBW 10), 456–458.

Christologie (Nachschrift der Vorlesung von 1933; Typoskript Gerhard Riemers), in: *Berlin 1932–1933,* hg. v. C. Nicolaisen u. a., Gütersloh 1997 (= DBW 12), 279–348.

Cantate (Predigt zu Ps 98,1); 29. 4. 1934, in: *London 1933–1935,* hg. v. H. Goedeking u. a., Gütersloh 1994 (= DBW 13), 351–356.

Brief an E. Bethge (31. 7. 1936), in: *Illegale Theologenausbildung: Finkenwalde 1935–1937,* hg. v. O. Dudzus u. a., Gütersloh 1996 (= DBW 14), 208–211.

Das innere Leben der deutschen evangelischen Kirche (5. 8. 1936, Mitschrift von G. Riemer), in: DBW 14, 714–720.

Jahres-Bericht [über das Jahr 1936], in: DBW 14, 258–264.

Theologischer Brief zu Weihnachten (1939), in: *Illegale Theologenausbildung: Sammelvikariate 1937–1940,* hg. v. D. Schulz, Gütersloh 1998 (= DBW 15), 537–543.

Brief an Ruth Roberta Stahlberg (23. 3. 1940), in: *Konspiration und Haft 1940–1943,* hg. v. J. Glenthøj u. a., Gütersloh 1996 (= DBW 16), 18–25.

Brief an E. Bethge (25. 1. 1941), in: DBW 16, 116f.

Brief an E. Bethge (4. 2. 1941), in: DBW 16, 128–130.

*Brautbriefe Zelle 92: 1943–1945. Dietrich Bonhoeffer, Maria von Wedemeyer,* hg. v. R.-A. von Bismarck u. U. Kabitz, München 1992.

*Widerstand und Ergebung. Briefe und Aufzeichnungen aus der Haft,* hg. v. Chr. Gremmels u. a., Gütersloh 1998 (= WE [DBW 8]).

## 2. Andere

ADORNO, TH. W.: Spätstil Beethovens (1934/37), in: ders., *Moments musicaux,* jetzt: *Gesammelte Schriften* (GS), hg. v. R. Tiedemann, Bd. 17: *Musikalische Schriften IV,* Frankfurt a. M. 1982, 13–17.

—: *Philosophie der neuen Musik* (1949), GS, Bd. 12, Frankfurt a. M. 1975.

—: Bach gegen seine Liebhaber verteidigt (1951), in: ders., *Prismen. Kulturkritik und Gesellschaft,* jetzt: GS, Bd. 10/1, Frankfurt a. M. 1977, 138–141.

—: Zur Musikpädagogik (1957), in ders., *Dissonanzen. Musik in der verwalteten Welt,* jetzt: GS, Bd. 14, Frankfurt a. M. 1973, 127–142.

—: Die Funktion des Kontrapunkts in der neuen Musik (1957), in: GS, Bd. 16: *Musikalische Schriften I-III,* Frankfurt a. M. 1978, 145–169.

—: Tradition (1960/61), in: ders., *Dissonanzen,* jetzt: GS, Bd. 14, 108–126.

—: Einleitung in die Musiksoziologie (1962/68), in: GS 14, 169–433.

BACH, J. S.: *Die Kunst der Fuge,* für zwei Klaviere gesetzt von Erich Schwebsch, nach der Neuordnung von Wolfgang Graeser, Wolfenbüttel und Berlin 1937.

BARTH, K.: *Der Römerbrief,* München (2. Aufl.) 1922.

—: *Theologische Existenz heute!* Beiheft Nr. 2 von *Zwischen den Zeiten,* München 1933.

—: Brief an P. W. Herrenbrück, 21. 12. 1952, in: *Die Mündige Welt (I),* München (3. Aufl.) 1959, 121f.

—: *Wolfgang Amadeus Mozart,* Zürich 1956.

BEETHOVEN, L. V.: Sonate Opus 111 (Dem Erzherzog Rudolph von Österreich gewidmet), komponiert 1821/22, in: ders., *Klaviersonaten, nach Eigenschriften und Originalausgaben hg. v. B. A. Wallner, Bd. 2, München 1953, 309–329.*

BENJAMIN, W.: *Goethes Wahlverwandtschaften* (1922), in: ders., *Gesammelte Schriften* (GS), unter Mitwirkung von Th. W. Adorno u. G. Scholem hg. v. R. Tiedemann u. H. Schweppenhäuser, Bd. I/1 (*Abhandlungen*), Frankfurt a. M. 1974, 123–201.

—: *Ursprung des deutschen Trauerspiels* (1925/28), in: ders., GS, Bd. I/1, 203–430.

—: Über den Begriff der Geschichte (1940), in: ders., GS, Bd. I/2, 691–704.

BENZ, E.: *Die Stunde der deutschen Musik,* Jena 1923.

BETHGE, E.: *Dietrich Bonhoeffer. Theologe, Christ, Zeitgenosse* (1967), München (5. Aufl.), 1983 (= DB).

—: *Dietrich Bonhoeffer in Selbstzeugnissen und Bilddokumenten dargestellt,* Reinbek bei Hamburg 1976 (= DBrm).

—: Dietrich Bonhoeffer und die Juden, in: *Konsequenzen. Dietrich Bonhoeffers Kirchenverständnis heute,* hg. v. E. Feil u. I. Tödt, München 1980 (IBF 3), 195ff.

BLOCH, E.: *Das Prinzip Hoffnung* (1938–47/1959), 3 Bände, Frankfurt a. M. 1974.

BRODDE, O.: *Heinrich Schütz. Weg und Werk,* Kassel 1972.

DAY, T. I.: *Conviviality and Common Sense,* New York (Diss.) 1975.

DILTHEY, W.: *Von deutscher Dichtung und Musik,* Leipzig/Berlin 1933.

DUSE, U.: Musik und Schweigen in der *Kunst der Fuge,* in: *Musik-Konzepte* Nr. 17/18 (*Johann Sebastian Bachs spekulatives Spätwerk*), München 1981, 83–113.

*Evangelisches Gesangbuch* (Ausgabe für die Evangelische Kirche Anhalts, die Evangelische Kirche in Berlin-Brandenburg, die Pommersche Evangelische Kirche, die Evangelische Kirche der Schlesischen Oberlausitz, die Evangelische Kirche der Kirchenprovinz Sachsen), Berlin 1993.

GLENTHØJ, J.: Bonhoeffer und die Ökumene, in: *Die Mündige Welt II*, München 1956, 116–203.

GOEBEL, J.: Als er sich ans Klavier setzte, in: *Begegnungen mit Dietrich Bonhoeffer*, hg. v. W.-D. Zimmermann, München (4., erw. Aufl.) 1969, 115–118.

GOLLWITZER, H.: *Das hohe Lied der Liebe*, München 1978.

HARNACK, A. VON: *Lehrbuch der Dogmengeschichte*, Bd. 1 (*Die Entstehung des kirchlichen Dogmas*, 1885), Tübingen (5. Aufl.) 1931.

—: *Geschichte der königlich preußischen Akademie der Wissenschaften*, Berlin 1901.

IRENÄUS VON LYON: *Fünf Bücher gegen die Häresien* (Adversus haereses), übersetzt v. E. Klebba, 2 Bände, Kempten u. München, 1912 (Bibliothek der Kirchenväter, Bd. 3 u. 4).

KIRNBERGER, J. PH.: *Die Kunst des reinen Satzes in der Musik aus sicheren Grundsätzen hergeleitet und mit deutlichen Beispielen erläutert*, Berlin und Königsberg 1776–1779.

KOLISCH, R.: Zur Theorie der Aufführung. Ein Gespräch mit Berthold Türcke, in: *Musik-Konzepte* Nr. 29/30, München 1983, 9–112.

KOLNEDER, W.: *Die Kunst der Fuge. Mythen des 20. Jahrhunderts*, 5 Teile, Wilhelmshaven 1977.

MAECHLER, W.: Bonhoeffers Fanøer Friedenspredigt als Appell an die Christenheit heute, in: *Dietrich Bonhoeffer und die Kirche in der modernen Welt* (epd-Dokumentation, Nr. 2-3/1981).

—: Vom Pazifisten zum Widerstandskämpfer. Bonhoeffers Kampf für die Entrechteten, in: *Die Mündige Welt (I)*, München (3. Aufl.) 1959, 89–96.

MANN, TH.: *Doktor Faustus. Das Leben des deutschen Tonsetzers Adrian Leverkühn erzählt von einem Freunde* (1949), Frankfurt a. M. 1971.

—: *Die Entstehung des Doktor Faustus. Roman eines Romans*, Amsterdam 1949.

MOSER, H. J.: *Heinrich Schütz. Sein Leben und Werk* (1936), Kassel (2. Aufl.) 1954.

MÜLLER, H.: *Von der Kirche zur Welt. Ein Beitrag zu der Beziehung des Wortes Gottes auf die societas in Dietrich Bonhoeffers theologischer Entwicklung,* Leipzig (2. Aufl.) 1961.

SCHARL, E.: *Recapitulatio mundi,* Freiburg i. Br. 1941.

SCHELLONG, D.: *Bürgertum und christliche Religion. Anpassungsprobleme der Theologie seit Schleiermacher* (1975), München (2. Aufl.) 1984 (TheolExh, Nr. 187).

SCHOLEM, G.: Zum Verständnis der messianischen Idee im Judentum, in: ders., *Judaica 1,* Frankfurt a.M. 1963, 7–74.

SCHÜTZ, H.: *Symphoniae Sacrae [Opus Sextum] Opus Ecclesiasticum Secundum* (Kronprinz Johann Georg II. von Sachsen gewidmet, Venedig 1629), *Neue Ausgabe sämtlicher Werke,* Bd. 13–14, Kassel 1957/65.

—: *Erster Theil Kleiner Geistlichen Concerten [Opus Octavum],* (Heinrich von Friesen auf Rötha gewidmet, Dresden 1636) und *Anderer Theil Kleiner Geistlichen Concerten [Opus Nonum],* (Prinz Friedrich von Dänemark gewidmet, Dresden 1639), *Neue Ausgabe,* Bd. 10–12, Kassel 1963.

—: *Symphoniae Sacrae Secunda Pars. Opus Decimum* (Christian V. von Dänemark gewidmet, Dresden 1647) *Neue Ausgabe,* Bd. 15–17, Kassel 1964/65/68.

SIEGELE, U.: *Bachs theologischer Formbegriff und das Duett F-Dur. Ein Vortrag,* Neuhausen-Stuttgart 1978.

SÖHNGEN, O.: *Theologie der Musik,* Kassel 1967.

# Personenregister

Adorno, Theodor W. 18–21; 41; 48; 53–58; 60; 63; 75f.
Ambrosius von Mailand 25
Augustinus 21
Bach, Johann Sebastian 12–15; 17; 19; 22; 41–43; 45–49; 52; 55; 69; 71; 75f.
Barth, Karl 12; 15; 32; 34; 46; 48; 65; 72–75
Beethoven, Ludwig van 12–15; 19; 22; 51–53; 55–57; 59–63
Benjamin, Walter 32–35; 47; 58–63
Bethge, Eberhard 9; 11f.; 14; 21; 23f.; 27–29; 34–36; 39; 41–44; 47; 49; 52; 65f.; 68; 73f.; 74; 79f.
Bethge, Renate 39
Brahms, Johannes 11; 14

Capranica, Caesar 70
Chopin, Frédéric 14

Dilthey, Wilhelm 47; 69f.
Distler, Hugo 18f.; 52

Friedrich II. von Preußen 42f.

Gerhardt, Paul 23f.; 31; 33
Gieseking, Walter 52
Grieg, Edvard 35

Händel, Georg Friedrich 47–49
Harnack, Adolf (von) 51; 68

Irenäus von Lyon 31–33

Jeremia 42
Jesaja 21

Kohelet 33
Kolisch, Rudolf 54
Latmiral, Gaetano 19
Liszt, Franz 11
Luther, Martin 15; 23; 25; 31f.; 40; 49; 67f.; 74
Maechler, Winfried 45
Mann, Thomas 53–59; 63
Mendelssohn Bartholdy, Felix 13; 19
Moser, Hans Joachim 27; 30
Mozart, Wolfgang Amadeus 11f.; 15; 46; 48; 52
Müller, Hanfried 18
Pepping, Ernst 18f.; 52
Pfitzner, Hans 19
Schleiermacher, Daniel Ernst Friedrich 69; 73
Schönberg, Arnold 19; 21; 41; 53; 75
Schubert, Franz 11
Schumann, Clara 11
Schumann, Robert 11
Schütz, Heinrich 14; 18; 27–30; 32; 34f.; 37; 52; 63
Stahlberg, Ruth Roberta 17; 22
Strauss, Richard 19
Strawinski, Igor 19
Wagner, Richard 20
Wolf, Hugo 11; 14f.; 52